빅데이터

미래를
예측하는
기술

빅데이터
미래를 예측하는 기술

초판 1쇄 발행 2018년 5월 5일
초판 5쇄 발행 2021년 11월 11일

글 안지선 그림 송진욱
펴낸곳 도서출판 봄볕 **펴낸이** 권은수 **편집** 김경란 **디자인** 이하나 **마케팅** 성진숙
등록번호 제25100-2015-000031호 **등록일** 2015년 4월 23일
주소 서울특별시 서대문구 서소문로 37 1406호(합동, 충정로대우디오빌)
전화 02-6375-1849 **팩스** 02-6499-1849
전자우편 springsunshine@naver.com **블로그** http://blog.naver.com/springsunshine
스마트스토어 https://smartstore.naver.com/shinybook **인스타그램** @springsunshine0423
ISBN 979-11-86979-55-6 73300

♪ 책값은 뒤표지에 있습니다.
♪ 봄볕은 올마이키즈와 함께 어린이를 후원합니다.

이 책은 한국출판문화산업진흥원의 '2018년 텍스트형 전자책 제작 지원' 사업 선정작입니다.

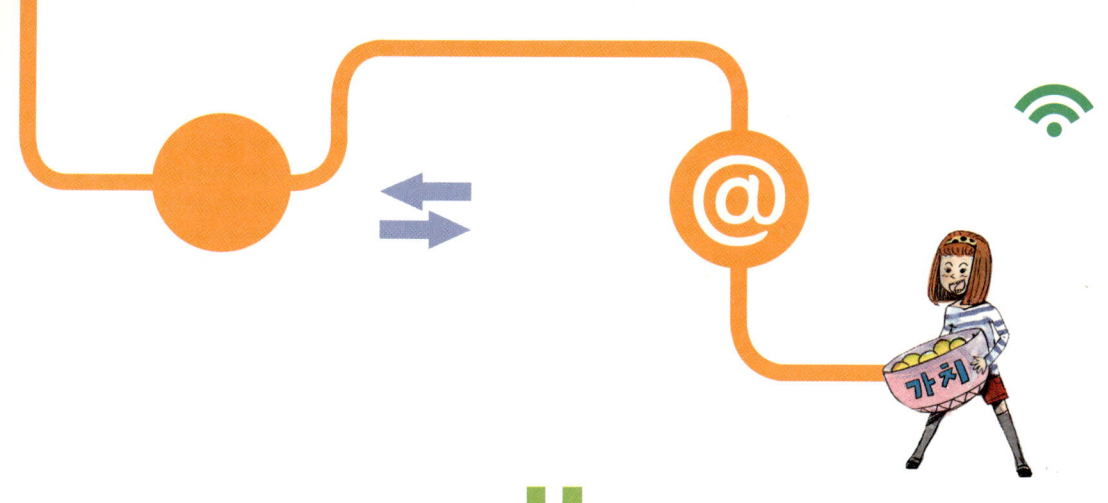

빅데이터
미래를 예측하는 기술

글 안지선 그림 송진욱

봄별

글쓴이의 말
현재를 읽고 미래를 예측하는 빅데이터

최근 몇 년 전부터 인공 지능, 4차 산업 혁명과 같은 새로운 개념들이 크게 유행하고 있어요. 이제 사람들은 새로운 기술에 기반한 급격한 사회 변화의 중심에 들어와 있고, 이러한 새로운 기술의 발전과 변화에 빅데이터가 큰 역할을 하고 있어요. 2000년대 초반의 급속한 사회·경제적 변화가 인터넷 기술의 발전과 함께 했다면, 이제 4차 산업 혁명으로 일컬어지는 새로운 변화의 시대는 빅데이터를 기반으로 하는 인공 지능 기술 등을 통해 만들어질 거예요.

4차 산업 혁명이 가져다주는 여러 변화의 모습들은 빅데이터나 인공 지능을 빼고는 설명이 되지 않아요. 특히 빅데이터 처리 기술은 인공 지능을 포함하여 4차 산업 혁명을 이끄는 다른 여러 기술들의 근간이 되기 때문에 그 어느 기술들보다 중요하답니다.

　이 책은 여러분들 곁에서 이미 많이 활용되고 있는 빅데이터에 대해 주변 사례를 들어 좀 더 쉽게 이해할 수 있도록 쓴 책이에요. 1장에서는 어떤 데이터를 빅데이터라고 하는지, 그리고 그러한 데이터는 어떻게 만들어지는지에 대해 살펴볼 거예요. 2장에서는 실제로 빅데이터가 바꾸어 놓은 세상의 모습들을 일상생활에서 볼 수 있는 대표적인 사례를 들어 확인하게 될 거예요. 마지막으로 3장에서는 빅데이터의 또 다른 측면, 즉 빅데이터를 활용하는 데 있어서 유의해야 할 점에 대해서 다루었어요.

　바라건대 이 책이 여러분들이 빅데이터가 만들어 내는 현재와 미래의 변화 모습을 이해하는 데 조금이나마 도움이 되기를 바라요. 또한 이 책을 읽으면서 미래의 우리나라, 더 나아가 미래의 세계에서는 어떤 일을 더 중요하게 해야 할지를 고민해 보았으면 좋겠어요. 앞으로 빅데이터 시대를 만들어 가는 주역은 바로 여러분들이 될 테니까요.

안지선

차례

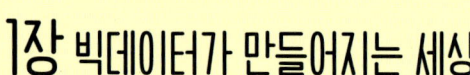

1장 빅데이터가 만들어지는 세상

1. 빅데이터란 무엇일까?
데이터와 빅데이터의 차이 ············ 11
데이터가 많으면 빅데이터일까? ······· 15
빅데이터에는 3개의 V가 있다 ········ 18

　🖥 양질의 전환 ··················· 24

2. 왜 빅데이터를 얘기하는가?
인공 지능의 학습 능력 ············· 26
빅데이터를 통한 예측 판단 ········· 32
4차 산업 혁명의 핵심 엔진 ········· 38
　🖥 빅데이터 분석가 ·············· 44

3. 빅데이터는 어떻게 만드는가?
스스로 생성하는 빅데이터 ·········· 46
IT기술로 처리되는 빅데이터 ········ 51
빅데이터와 창의적 마인드 ·········· 55
　🖥 빅데이터 1.0과 빅데이터 2.0 ···· 60

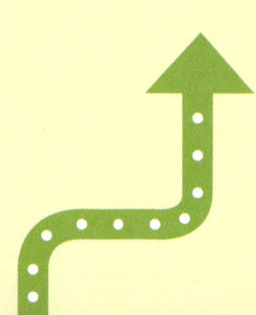

3장 빅데이터가 감시하는 세상

1. 빅데이터, 무엇이 위험한가?
거대 권력을 만드는 빅데이터 ········ 117
사생활을 침해하는 빅데이터 ········ 121
빅데이터를 다루는 사람들의 윤리··· 124
감시와 통제의 감옥 파놉티콘 ········ 130

2. 개인 정보 보호! 왜 중요할까?
걷기만 해도 새 나가는 정보 ········ 132
개인 정보 보호의 가이드라인 ········ 138
잊혀질 권리 ························ 142

2장 빅데이터가 바꾸는 세상

1. 일상을 혁신적으로 바꾸다
똑똑해진 내비게이션 ··············· 65
마트와 백화점의 맞춤형 서비스 ······ 69
빅데이터와 사물 인터넷의 결합 ······ 74
머니볼과 미국 메이저리그 ··········· 80

2. 학교를 창의적으로 바꾸다
나만을 위한 맞춤형 학습 ··········· 82
창의력을 기르는 학교 수업 ········· 86
거꾸로 교실의 교과서 혁명 ········· 91
사고하는 컴퓨터 Deep Learning ····· 96

3. 미래를 예측하고 대비하다
상품과 서비스를 파는 빅데이터 ····· 98
선거 예측과 테러 방지 ············· 103
미래를 바꾸는 빅데이터 ············ 108
구조화된 데이터와 비구조화된 데이터 ···· 112

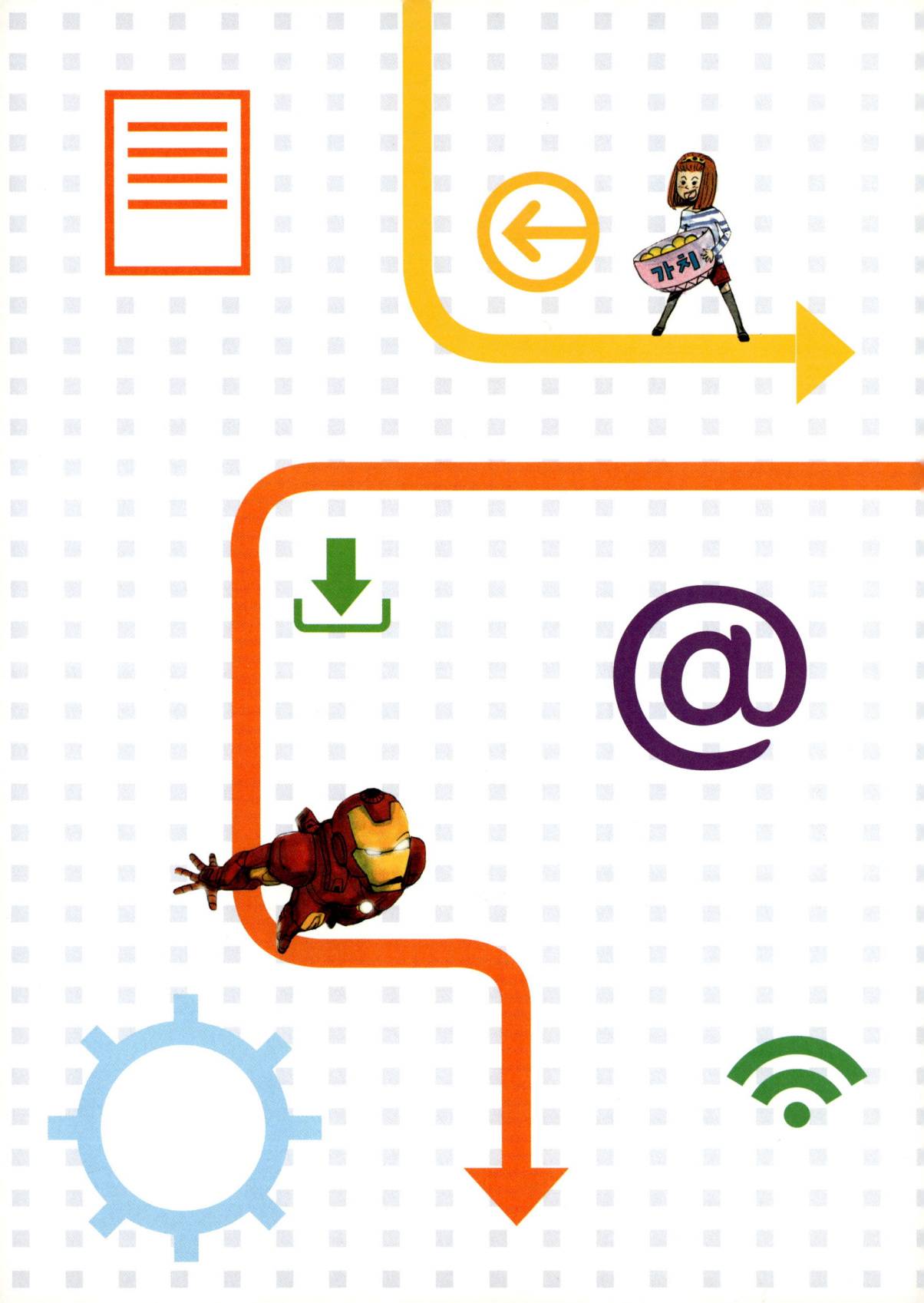

1장

빅데이터가 만들어지는 세상

아이언맨에게는 특별한 친구가 있다?

아이언맨이라는 영화를 본 적이 있나요? 아마도 우리 친구들은 아이언맨 하면 멋진 만능 슈트나 빠르게 하늘을 날아다니는 모습이 먼저 떠오르겠지만, 이 영화에는 또 한 명(?)의 빼놓을 수 없는 출연자가 있었어요. 바로 '자비스JARVIS'라는 컴퓨터예요. 자비스는 'Just A Rather Very Intelligent System'의 각 단어 앞 자를 딴 이름이라고 해요. 우리말로 하면 '그냥 좀 꽤 똑똑한 시스템(컴퓨터)'라고 번역한답니다. 하지만 영화 속 '자비스'는 그냥 좀 똑똑한 수준이 아니라 인간 지능을 훨씬 능가하는, 대단히 놀라운 인공 지능 컴퓨터였어요. 그래서 자비스는 주인공 아이언맨과 농담도 주고받고, 주인공조차 풀지 못하는 아주 어려운 문제들도 대신 척척 해결해 주는 등 못하는 것이 없었지요. 이런 컴퓨터가 현실에서도 과연 가능할까요? 아마도 가능할 거예요. 하지만 인공 지능 컴퓨터가 가능하기 위해서는 무한히 많은 양의 데이터를 가지고 있어야 해요. 바로 빅데이터지요! 자, 그럼 빅데이터가 구체적으로 무엇인지 한걸음만 더 깊이 들어가 보기로 해요.

1. 빅데이터란 무엇일까?

> **데이터와 빅데이터의 차이**

여러분들은 '데이터' 하면 무엇이 먼저 생각나나요? 아마 스마트폰으로 인터넷을 할 때 체크하는 데이터 사용량이 머릿속에 바로 떠오를 거예요. 그렇다면 인터넷을 사용할 때의 데이터는 빅데이터의 데이터와 같은 것일까요? 만약 여러분들이 가지고 있는 스마트폰에서 데이터를 무제한 사용 할 수 있다면 그것을 빅데이터라고 할 수 있을까요? 아니면 간단한 문서 파일은 그냥 데이터이고, 용량이 큰 동영상 파일은 빅데이터일까요? 당연히 그건 아니라고 생각하겠지만, 데이터가 뭔지 누군가 물어보면 아마 정확히 설명하기가 어려울 거예요.

어쨌든 빅데이터도 데이터이기 때문에 빅데이터를 제대로 이해하려면 먼저 데이터가 무엇인지 정확히 알 필요가 있어요. '데이터'는 우리말로 번역하면 '자료'라고 해요. 바보 같지만 저는 어렸을 때 친구들하고 얘기할 때면 "우리 자료 좀 모아 보자." 하는 것보다, "우리 데이터 좀 수집해 볼까?" 하고 얘기하는 것을 더 좋아했답니다. 데이터라고 말하면 뭔가 나 자신이 똑똑한 인간인 것 같고, 좀 더 대단한 일을 하고 있다는 생각이 들었거든요. 하지만 '데이터'나 '자료'는 비슷한 말이에요. 요즘은 데이터라는 말이 텔레비전이나 에어컨처럼 외래어로서 더 흔히 사용되고 있지요.

데이터는 '주어진 것'이라는 뜻의 라틴어에서 유래했어요. 내가 일부러 만든 것이라기보다 누군가가 나한테 준 것이라는 말이지요. 다시 말하면 특별한 목적을 가지고 일부러 만든 결과물이 아니라, 정보나 지식을 얻기 위해 수집한 기존 자료들을 데이터라고 해요. 이 데이터들을 어떻게 다듬어서 정리하느냐에 따라 쓸 만한 뭔가가 만들어지겠지요. 예를 들어 김치를 담글 때 재료가 되는 배추, 무, 파, 마늘, 고춧가루 등을 단순히 한군데에 모아 놓았다고 김치라고 할 수 없는 것처럼, 데이터란 그 자체로는 단순한 자료일 뿐이에요. 여러분이 집에 매일 배달되는 신문을 차곡차곡 모아 놓았다면 그것은 그냥 신문 모음에 불과해요. 그런데 모아 놓은 신문들에서 여러분이 학교 공부에 필요한 기사들만 따로 모아 정리해 놓았다면 어떨까요? 어떤 목적을 위해 추려 모은 신문 기사들은 단순한 자료가 아니라 '정보'가 된답니다. 정보가 중요하다는 것은 여러분들도 잘 알고 있지요? 유재석이 나오는 예능 프로그램을 보면 미션을 해결하기 위해서 정보를 잘 찾아내는 것이 매우 중요하잖아요.

흔히 정보를 데이터와 같은 의미로 사용하는 경우도 있지만 이 둘은 구분할 필요가 있어요. 데이터는 현실에서 관찰하거나 측정하고 수집하여 얻은 자료를 말해요. 그리고 정보는 이 데이터를 유용하게 활용할 수 있도록 정리한 것이지요. 예를 들어 김밥을 만들기 위해서는 밥, 햄, 달걀, 어묵, 치즈 등 여러 가지 재료들이 필요하겠지요? 이것들은 자료라고 할 수 있어요. 그런데 이 재료들을 그냥 넣을 수는 없고, 좋아하는 재료를 골라 익히거나 볶는 등 조리를 해서 넣어야 하잖아요. 이렇게 선택되어 가공된 재료들이 바로 '정보'예요. 어쨌든 김밥을 맛있게 만들려면 원재료가 신선하고 좋아야 하겠지요? 이렇게 데이터와 정보는 서로 밀접하게 연결되어 있어요.

즉, 유용한 정보가 되는 가장 기본 단위이자 원천이 바로 데이터라고 할 수 있어요. 이러한 데이터는 일상생활에서 의도하든 의도하지 않든 자연스럽게 생성되어 언제나 우리와 함께 하고 있다고 생각하면 돼요. 여러분들이 컴퓨터를 할 때에도 데이터는 끊임없이 만들어져요. 컴퓨터는 자신이 직접 키보드나 마우스를 치고 있지 않더라도 자기가 하고 있는 작업을 끊임없이 기록하며 데이터를 계속해서 만들어 내는 것이지요.

게다가 컴퓨터가 인터넷에 연결되면 데이터는 더 크게 늘어나요. 사람들이 접속한 홈페이지, 클릭한 배너 광고, 포털 사이트에서 검색한 단어들 모두 실시간으로 기록되어 데이터로 쌓여요. 게다가 이런 작업을 하는 컴퓨터의 운영 체제는 무엇인지, 어떤 웹브라우저를 이용하고 있는지, 접속한 지역은 어디인지와 같은 내용들도 데이터로 기록되지요. 이런 방식으로 방대하게 쌓인 데이터는 과거와는 달리 매우 유용한 '정보'로 변하고 있는데, 이것을 가능하게 한 것이 바로 빅데이터 기술이라고 보면 돼요.

자, 그럼 여기서 한 가지 질문! 우리 주변의 모든 자료를 데이터라고 얘기할 수 있을까요? 넓은 의미에서 데이터를 정의하면 맞을 수도 있지만, 좁은 의미로 생각한다면 좀 달라요. 빅데이터에서의 데이터란 컴퓨터로 처리할 수 있는 기본 단위 자료들을 말해요. 쉽게 말하면 컴퓨터에 파일로 저장할 수 있는 형태를 데이터라고 하는 것이지요. 마트에 진열된 고등어나 배추를 고등어 데이터, 배추 데이터라고 말하지는 않는 것처럼 말이에요. 하지만 마트에 있는 배추의 종류와 수량을 조사한 자료 파일이 컴퓨터에 저장되어 있다면 이것은 데이터라고 할 수 있답니다.

데이터가 많으면 모두 빅데이터일까?

빅데이터는 크다는 뜻의 영어 단어 'Big'과 자료를 뜻하는 'Data'를 합친 말이에요. 그런데 데이터의 양이 많으면 무조건 빅데이터라고 할 수 있을까요? 반드시 그렇지는 않아요. 빅데이터는 단순하게 자료의 양이 많다는 의미보다, 예전에는 미처 알아내기 어려웠던 새로운 정보나 가치, 사실들을 알 수 있도록 하는 데 도움을 주는 어마어마한 분량의 데이터를 뜻해요.

  빅데이터를 정확히 어떻게 정의할지에 대한 문제는 전문가들끼리도 완전히 의견 일치를 본 것은 아니에요. 어떤 분야의 전문가들이냐에 따라 빅데이터에 대해 생각하고 있는 것이 조금씩 다르기 때문이지요. 예를 들어 컴퓨터 전문가들은 빅데이터를 과거의 데이터 베이스 관리 프로그램으로는 처리하기 어려운 방대한 규모의 데이터라고 얘기해요. 반면 경영학자들을 포함한 다른 전문가들은 데이터가 적었을 때는 찾을 수 없었던 새로운 가치나 사실이 데이터가 커지면서 새롭게 발견된다는 점에 더 초점을 맞춘답니다.

컴퓨터가 처리할 수 있는 데이터란 문자, 숫자, 영상 등의 형태로 된 것을 모두 포함하고 있어요. 그 양이 너무 방대하기 때문에 컴퓨터가 아니고서는 도저히 처리할 수가 없지요. 특히 빅데이터는 과거에 비해 월등하게 좋아진 컴퓨터의 성능 때문에 더 부각된 측면도 있어요. 예를 들어 구글은 사용자의 검색 질문에 응답하기 위해 무려 1천대에 가까운 컴퓨터를 동원하기 때문에 응답 속도가 0.2초를 넘지 않는다고 해요. 과거에는 국가 기관이 아닌 일반 기업이나 개인이 하기 어려운 일이었지만 이제는 가능하게 된 거예요.

2011년, 빅데이터라는 용어를 처음 썼던 미국의 컨설팅 회사 맥킨지가 당시에 낸 보고서에 따르면, 2020년이 되면 보고서를 만들었던 당시 기준보다 44배 더 많은 데이터가 만들어진다고 예측했어요. 하지만 단순히 크기나 기술로만 빅데이터를 바라보게 되면 어느 한 쪽만을 보는 것일 수도 있답니다.

우리가 빅데이터를 제대로 이해하려면 이것이 가져다주는 가치에 초점을 맞출 필요가 있어요. 방대한 분량의 빅데이터를 정리하고 분류하는 기술뿐만이 아니라, 목적에 맞는 핵심 데이터를 찾아내고 분석하는 능력이 어우러질 때 빅데이터는 더 큰 가치와 의미를 가질 수 있겠지요.

지금도 수많은 사람들이 인터넷으로 정보를 검색하고, 게시판에 글을 쓰며, 소셜 네트워크 서비스Social Network Services, SNS를 사용하면서 방대한 정보를 실시간으로 만들어 내고 있어요.

빅데이터 시대에는 이처럼 실시간으로 생성되는 엄청난 양의 정보를 빠르게 분석하는 작업이 이루어져야 해요. 이것이 예전의 정보 수집 방식과는 달리 오늘날 빅데이터가 갖는 차별적인 부분이랍니다. 예를 들어 소셜 네트워크 서비스 가운데 하나인 트위터만 하더라도 몇 년 전 기준

으로 초당 7,000개가 넘는 트윗이 생성되는데, 이것을 시간이 한참 지난 뒤에 분석하는 것은 버스가 떠난 다음에 손 흔드는 격이 되는 거예요. 지금 유행하는 것이나 사회적 쟁점, 사람들의 관심사가 무엇인지 알고 싶다면 데이터를 실시간으로 분석해야 할 필요가 있는 것이지요.

빅데이터에서 단순히 데이터 양이 아니라 분석 능력이 더 중요하다는 점은 2014년 브라질 월드컵 우승팀 예상 경쟁에서도 알 수 있어요. 2014년에 개최된 브라질 월드컵은 전 대회 우승팀이 예선 탈락하는 등 이변이 속출한 대회였지요. 이 당시 구글과 마이크로소프트 등 유명한 IT기업들이 빅데이터를 활용하여 각 나라의 승부 예측을 경쟁적으로 내놓았답니다. 이때 구글은 16강과 8강까지는 맞혔지만 4강부터는 예측을 벗어났어요. 반면 마이크로소프트는 결승전 승부의 결과를 맞혀 구글에게 판정승했다는 평을 들었어요. 이런 예측 작업의 정확성은 바로 빅데이터를 분석하는 일에 대한 중요성을 보여 주는 사례랍니다.

빅데이터에는 3개의 V가 있다

여러분이 하굣길에 문구점 앞을 지나갈 때 "내일 미술 수업 시간에 필요한 준비물을 문구점에서 미리 구입하세요."라는 문자가 스마트폰으로 날아오면 기분이 어떨까요? '역시 똑똑한 스마트폰이군!'이라고 하겠지요. 이런 기술은 학교 수업 시간표와 여러분들이 가지고 있는 스마트폰 위치 정보를 이용하면 그리 어렵지 않은 일이에요. 개인 정보 보호에 대한 문제가 있지만, 이 부분은 뒷장에서 더 자세히 얘기할게요. 어쨌든 현대에는 이처럼 데이터를 이용해 더욱 편리한 생활이 가능해졌어요.

오랜 옛날부터 사람들은 삶의 용도에 맞게 데이터를 수집해 활용했어요. 석기 시대에 고대인들이 살았던 동굴 속 벽화를 보면 막대기로 수량을 표시한 흔적이 있어요. 이것도 일종의 데이터라고 할 수 있어요. 중세 시대 영국에서는 세금을 정확히 걷기 위해서 토지의 크기, 각 토지에서 생산되는 곡물의 양 등을 조사하여 정리해 관리했어요. 문서로 정리된 형태의 데이터를 객관적인 자료로 삼아 관리를 하게 되면 더 정확하고 안정적으로 세금을 걷을 수 있으니까요. 하지만 당시의 데이터 수집은 사람이 직접 일일이 조사를 해야 하는 방식이었기 때문에 데이터 수집 분량이나 분석 속도에 한계가 있었어요.

정보화 시대가 되면서 이제 우리 주위에 활용할 수 있는 데이터는 상상할 수 없을 정도로 빠르게, 또 많이 쌓이고 있어요. 예를 들

어 동영상 사이트인 유튜브에 1분 동안 업로드되는 동영상은 최근 기준으로 약 400~500시간 분량이라고 해요. 여러분들이 평생 유튜브만 본다고 해도 다 못 보는 양이지요. 게다가 1분마다 약 2억 통의 이메일이 오가고, 약 30만 개의 트위터 메시지가 업로드되고 있답니다.

바로 이것이 빅데이터의 첫 번째 'V'와 관계가 있어요. 영어로 'Volume'은 데이터의 양, 즉 크기를 뜻해요. 현재 인터넷에서 초당 유통되는 데이터 양은 20년 전 인터넷에서 교환되던

데이터를 모두 합친 것보다 많다고 해요. 인터넷 뿐만 아니라 기업이나 공공 기관, 학교들까지 내부 전산망을 통해 매우 큰 용량의 데이터가 관리되고 있답니다. 우리의 모든 생활이 컴퓨터, 인터넷, 스마트폰, 더 나아가 사물 인터넷으로 연결되면서 거기서 만들어진 방대한 분량의 데이터가 점점 더 빠른 속도로 쌓이고 있는 것이지요.

두 번째 'V'는 다양성Variety이에요. 다양성은 데이터 형태와 관련이 있어요. SNS에 올리는 사진 데이터, 동영상 데이터, 포털 사이트 검색의 문자 데이터는 형태가 제각각 달라요. 회원제 인터넷 사이트에 접속하기 위한 로그인 기록 데이터들은 또 다른 형태로 저장된답니다. 빅데이터는 이 모든 데이터를 포함하기 때문에 이를 다룰 수 있는 첨단 기술이 필요해요. 특히 소셜 네트워크 서비스인 SNS가 발달하면서 문자나 숫자가 아닌 이미지나 비디오처럼 형태가 다양한 데이터들이 더욱 급속히 증가하고 있어요. 이런 데이터를 비정형 데이터라고 하는데, 조사에 따르면 전 세계 데이터의 약 95퍼센트가 비정형 데이터라 해요.

마트에서 제품 바코드를 통해 읽힌 정보, 스마트폰에 매일 저장되는 사용자 위치 정보와 같은 다양한 형태의 데이터들은 함께 분석을 해야 필요한 정보를 얻을 수 있는데, 몇 년 전까지만 해도 기존 컴퓨터 프로그램으로는 이런 다양한 형태의 정보들을 통합해 저장하고 분석하는 일이 어려웠어요. 하지만 데이터 분석 프로그램들이 점점 진화하고 기능도 좋아지면서 이제는 다양한 데이터들을 한데 모아 처리하는 일이 가능해졌지요. 게다가 저장 장치 비용도 계속 낮아져 대용량 데이터를 쉽게 저장할 수 있게 된 것도 빅데이터 시대를 가능하게 한 변화라고 할 수 있답니다.

빅데이터의 특징을 말해 주는 세 번째 'V'는 속도Velocity랍니다. 이때의 속도는 데이터 처리 능력을 말해요. 빅데이터를 제대로 활용하려면 데이터 분석을 빨리, 정확하게 처리해야 해요. 데이터는 계속 쌓이는데 이를 분석하는 시간이 너무 많이 소요되면 빅데이터를 제대로 활용하기 어려워요. 예를 들어 여러분들이 인터넷에서 쇼핑을 할 때 평소 관심이 많았던 제품이 추천 상품으로 뜨는 경우를 종종 보았을 거예요. 이런 기능이 가능하려면 평소에 자주 검색하거나 구입했던 제품들에 대한 데이터가 수집되고 분석된 뒤 사용자가 제품을 다시 검색하려고 할 때 실시간으로 알려 줘야 해요. 바로 데이터 처리 능력, 즉 속도가 받쳐 줘야 하는 것이지요.

지금까지 빅데이터가 보여 주는 대표적 특징으로 데이터의 양Volume, 속도Velocity, 다양성Variety 등에 대해 얘기해 보았어요. 다시 정리해 보자면, 빅데이터는 방대하고 다양한 형태의 데이터를 효과적으로 처리하고 분석할 수 있는 기술적인 부분을 함께 생각해야 한다는 것, 최근에는 빅데이터 처리 기술과 가치 있는 정보를 뽑아내는 분석 방법에 좀 더 초점을 맞추고 있다는 사실이에요. 어때요? 이제 빅데이터의 개념에 대해 조금 이해가 되었나요?

아직 더 재미있는 이야기가 많이 남아 있어요. 빅데이터를 하나의 큰 숲으로 보았을 때, 지금까지는 이 숲 전체가 아니라 그 안의 나무 몇 그루를 본 정도예요. 다음 장에서는 거대한 데이터 모음을 분석해서 사람들이 의사 결정에 유용한 결과를 제공하는 전체 과정에 대해 더 자세히 살펴볼게요.

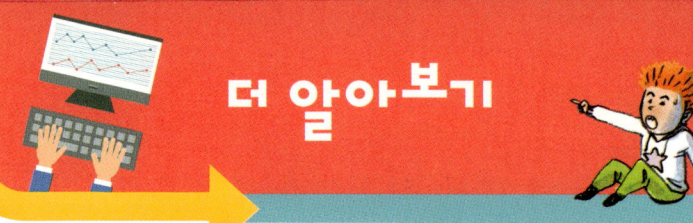

양질의 전환

'양보다 질'이라는 말을 들어 본 적이 있지요? 이 말은 양과 질은 서로 별개 성질의 것이고 양보다는 질이 좀 더 중요하다는 의미를 내포하고 있어요. 하지만 진짜 그럴까요?

독일의 유명한 철학자였던 헤겔에 의하면, 질의 변화는 결국 양의 변화에 의해서만 가능하다고 말했어요. 빅데이터도 이렇게 생각해 볼 수 있어요. 처음에 적은 양의 데이터는 큰 의미가 없어 보이지만, 이것이 무수히 많은 데이터로 쌓이면 새로운 의미가 만들어져요. 양이 쌓이면 새로운 질이 만들어지고 변화된 질은 다시 양이 더 쌓이도록 해 주면서 양적인 변화가 질적인 변화로 전환되는 것이지요. 이때 질적으로 바뀐 데이터는 과거와 동일한 시간을 투자해도 양이

전보다 증가할 수 있는데, 양이 질을 자극하고 질이 다시 양을 증가시키는 상황이 반복되는 거예요. 이것이 빅데이터의 또 다른 특성이랍니다. 예를 들어 공부도 일정 분량을 하루에 몇 시간씩 꾸준히 하다 보면 축적된 노력과 공부의 분량 덕분에 여러분의 공부 습관이나 성적도 눈에 띄게 달라질 수 있어요. 암기 과목 같은 경우, 처음에는 잘 이해가 안 되어도 계속 외우다 보면 외운 내용이 축적되어 어느 순간 그 내용이 이해가 되는 순간이 오게 돼요. 한 분야의 전문가가 되기 위해서 최소 1만 시간의 노력이 필요하다는 말도 같은 이야기라고 할 수 있겠지요. 동의하시나요? 기-승-전-공부로 마무리되어서 마음이 무겁지는 않은지… 어쨌든 결론은 양적인 축적이 질적인 변화를 이끌 수 있다는 것이랍니다.

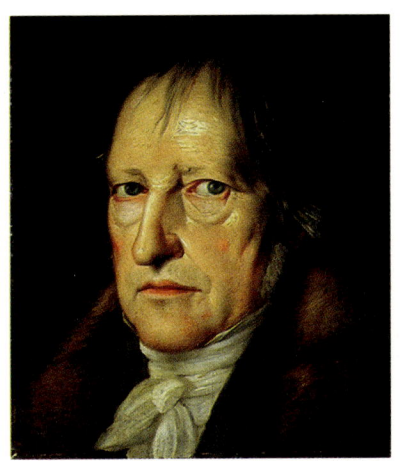

헤겔(1770-1831년)

독일의 철학자예요. 변증법의 기본 법칙 가운데 하나로, 양적인 변화가 질적인 변화로 이어지는 법칙을 들어 사물의 변화와 발전이 어떤 조건에서 수행되는가를 설명했어요.

2. 왜 빅데이터를 얘기하는가?

> 인공 지능의 학습 능력

2016년 3월, 인공 지능 알파고와 이세돌 9단이 바둑 대결을 펼쳤어요. 이 대결은 많은 사람들의 예상과는 다르게 알파고의 4대 1 승리로 끝이 났어요. 당시 첫 번째 판에서 알파고가 이겼을 때 사람들은 이세돌이 실수했구나 하고 생각했어요. 그러다가 두 번째, 세 번째 판에서도 알파고가 승리하자 사람들은 알파고의 능력에 놀라움을 금치 못했지요. 이전까지 대부분의 사람들은 컴퓨터 성능이 아무리 뛰어나더라도, 경우의 수가 무수히 많은 바둑이라는 종목에서 인간을 넘어서기는 어려울 거라고 생각했거든요. 하지만 당시 알파고를 탄

생시킨 '구글 딥마인드'라는 회사는 알파고의 승리를 확신했어요. 왜 그랬을까요? 그것은 알파고의 뛰어난 학습 능력 때문이었어요.

　사실 알파고가 완승을 거둔 것에 대해 인공 지능을 연구하는 과학자들은 의외라고 생각하지 않았어요. 왜냐하면 바둑 경기에서 활용 가능한 수많은 데이터를 알파고가 이미 가지고 있었기 때문이지요. 실제로 알파고는 이세돌과 대결 전에 이미 백만 판 이상 가상 대국을 경험했다고 해요. 아무리 바둑의 고수라도 백만 판 이상을 둔 사람이 있을까요? 이는 인간의 수명을 100살로 보았을 때 태어나자마자 바둑을 둔다고 해도 하루에 30판씩 바둑을 두어야 가능한

숫자랍니다.

　게다가 체력적으로 한계를 지닌 인간과 달리 컴퓨터와 같은 기계는 지치지 않아요. 여러분처럼 두 시간 숙제를 하면 한 시간은 컴퓨터 게임을 하면서 휴식(?)을 취해야 할 필요도 없어요. 그냥 프로그래밍만 해 놓으면 쉬지도 않고 똑같은 속도로 계속해서 명령을 수행해요. 전원을 꺼 버리지 않는다면 말이지요. 그래서 인공 지능 알파고도 쉬지 않고, 자지 않고, 지치지도 않고 수많은 분량의 데이터를 꾸준히 학습할 수 있었던 거예요.

　그런데 우리가 흔히 사용하는 '학습한다'는 것은 실제로 무엇을 뜻할까요? 학습이란, 어떤 문제를 해결하는 데 필요한 지식이나 정보를 머릿속에 저장하는 것을 의미해요. 예를 들어 여러분은 어렸을 때 열심히 외웠던 구구단을 활용하여 조금 더 복잡한 산수 문제를 풀 수 있지요? 구구단을 외운 경험이 그대로 머릿속에 저장되어 있고, 이것을 필요할 때 꺼내어 문제를 푸는 데 활용하는 것이지요.

　이처럼 '경험'은 학습의 가장 기본이라고 할 수 있어요. 나이가 많거나 공부를 오래 한 사람들이 많은 것을 알고 있는 이유는 숱한 경험을 통해 반복해서 학습을 했기 때문이에요. 경험이 많을수록 학습한 것도 많아지고, 학습한 것이 많다는 것은 그만큼 아는 것이 많아서 더 뛰어난 능력을 발휘할 가능성이 많지요.

그러면 컴퓨터도 그럴 수 있을까요? 답은 '그렇다'입니다. 학습할 내용을 데이터로 입력해 주면 컴퓨터는 그것을 차곡차곡 그대로 저장해 놓을 수 있어서 어떤 부분에서는 더 뛰어난 능력을 보여 줄 수 있어요. 게다가 알파고는 스스로 학습하는 컴퓨터라서 더 많은 양의 정보를 빠른 속도로 처리해 문제를 해결해요.

알파고가 스스로 학습한다는 것은 과거에 입력된 데이터와 새로 입력된 데이터를 조합하여 판단하는 뜻이에요. 이것은 인간이 경험치를 쌓아 학습하고 생각을 발전시켜 나가는 방식과 유사하답니다. 예를 들어 우리가 여러 종류의 사과들을 본 경험, 즉 학습을 바탕으로 사과의 특징을 알게 되고 더 나아가 새로운 종류의 사과를 보았을 때 그것이 사과인지 다른 과일인지 쉽게 구분할 수 있는 것처럼요. 과거의 컴퓨터는 기존 데이터에 없는 새로운 사과를 보여 주면 그것을 사과라고 인식하지 못했어요. 하지만 알파고와 같은 인공지능 컴퓨터는 마치 인간처럼 학습을 바탕으로 생각을 발전시키는 일이 가능해요. 게다가 컴퓨터는 기존 정보를 잊어버리지도 않으니 어쩌면 인간보다 더 뛰어날 수도 있지요.

인간보다 지능이 뛰어난 컴퓨터를 발명하려는 시도는 오래 전부터 있었어요. 1990년, 아이비엠IBM이라는 거대한 컴퓨터 회사가 딥블루Deep Blue라는 컴퓨터를 개발했고, 7년 뒤에 그 컴퓨터가 세계

빅데이터, 미래를 예측하는 기술

체스 인간 챔피언을 상대로 승리했지요. 당시에도 이는 매우 큰 뉴스였답니다. 컴퓨터가 인간을 이긴 첫 번째 사건이었거든요. 이후 이 회사는 딥 블루보다 좀 더 똑똑한 왓슨Watson이라는 컴퓨터를 개발했고, 이 컴퓨터는 2011년 미국 퀴즈쇼에서 인간 경쟁자들을 물리치고 우승했답니다.

컴퓨터가 인간보다 더 똑똑하다는 것은 축적된 데이터의 양, 그리고 그 데이터를 분석하는 능력이나 속도와 관련이 있어요. 여러분 주위에 누가 어떤 말을 했을 때 그 말이 뜻하는 바를 잘 이해하는 친구가 있지요? 이것을 좀 어려운 말로 '인지 능력'이라고 해요. 뭔가를 제대로 이해하는 능력이지요. 이런 능력은 이미 축적된 데이터와 새로 입력된 데이터를 함께 잘 분석할 수 있을 때 발휘돼요. 데이터가 아무리 많이 쌓여도 그 데이터에서 새로운 의미를 분석해 내지 못하면 아무 소용이 없겠지요. 그래서 데이터 분석 능력이 아주 중요해요. 왓슨은 이 분석 능력이 뛰어난 컴퓨터였기 때문에 사이버 보안 업무에도 투입되었다고 해요.

데이터를 기반으로 하는 분석 능력이란 구체적으로 이런 것을 말해요. 수집된 데이터가 어떤 것인지를 이해하는 능력, 그 데이터에서 유용한 정보를 뽑아내는 능력, 유용한 정보를 잘 정리하여 다른 문제 해결에 활용하는 능력 등이지요. 우리가 컴퓨터 게임을 할 때 좋은 아이템을 많이 가지고 있더라도 그것을 적절한 시기와 상황에서 적절한 방법으로 활용하지 못한다면 상대편을 이길 수 없겠지요? 데이터도 마찬가지랍니다.

빅데이터를 통한 예측 판단

특정한 상황을 예측하거나 판단하기 위해 데이터를 분석하는 일은 꽤 오래 전부터 있어 왔답니다. 일본에 본사를 둔 한 편의점 회사가 1980년대에 처음으로 데이터 분석을 시작했어요. 지금은 일반적 방식이지만 당시 이 회사는 '판매 시점 정보 관리 시스템POS'을 통해 데이터를 분석했어요. 편의점에서 손님이 물건을 고르면 직원이 계산대에서 기계로 상품 바코드를 찍으면 이 판매 데이터들이 편의점 본사에 수집돼요. 본사에서는 이 데이터를 분석하여 어떤 상품이 잘 팔리고 안 팔리는지를 파악했다고 해요.

이처럼 많은 데이터가 한곳으로 모이면 이를 분석해 비교적 정확하게 예측을 해낼 수가 있어요. 예측을 정확히 한다는 것은 우리 일상에도 많은 영향을 미쳐요. 예를 들어 여러분이 아침에 등교할 때 일기 예보를 보고 우산을 가져갈지 말지를 결정지요? 일기 예보가 정확하지 않아서 갑작스레 비를 쫄딱 맞은 적도 있을 거예요. 그러면 어떻게 해야 일기 예보가 정확할 수 있을까요? 훨씬 더 많은 데이터, 즉 빅데이터를 가지고 분석을 해 보면 돼요.

실제로 기상청은 빅데이터를 만들어 내는 대표적인 곳이라고 할 수 있어요. 기상청은 수십 년간 관측해 온 날씨 자료 뿐 아니라 하루에도 수만 장씩 뽑아내는 슈퍼컴퓨터의 날씨 예보 자료들을 가지고 있어요. 이것들을 빅데이터 분석 기법에 따라 분석해 보면 일기 예보의 정확도를 한층 더 높일 수가 있지요. 물론 그런데도 일기 예보가 왜 정확하지 않은가라고 한다면 지구 대기가 워낙 변화무쌍하

빅데이터 분석 플랫폼 '날씨 마루' 홈페이지

기상청에서 운영하는 날씨마루는 기상청에서 보유하고 있는 방대한 기상기후 빅데이터와 다른 분야의 데이터를 융합해 분석할 수 있는 서비스예요.
홈페이지 주소 https://bd.kma.go.kr

기 때문이에요. 어쨌든 요즘에는 기상청이 하루 4회 발표하던 일기 예보를 8회로 늘렸고, 동네 예보까지 하고 있기 때문에 더 많은 빅데이터가 만들어지고 있어요.

여러분은 미래를 알고 싶을 때 별점이나 타로 카드를 떠올릴 거예요. 하지만 많은 데이터를 정교하게 분석하면 미래를 더 과학적으로 예측할 수 있답니다. 2009년, 네이트 실버라는 미국의 통계 전문가가 통계 예측 프로그램을 개발하여 미국 50개 주 가운데 49개 주의 대통령 선거 결과를 맞혔어요. 더 놀라운 것은 2012년 미국 대통령 선거에서 50개 주의 결과를 모두 맞혔다고 해요. 그러면 2016년은 어떻게 되었을까요? 안타깝게도 예측이 빗나갔다고 해요. 그런데 만약 이 예측 프로그램에 실제 빅데이터가 접목되었다면 결과는

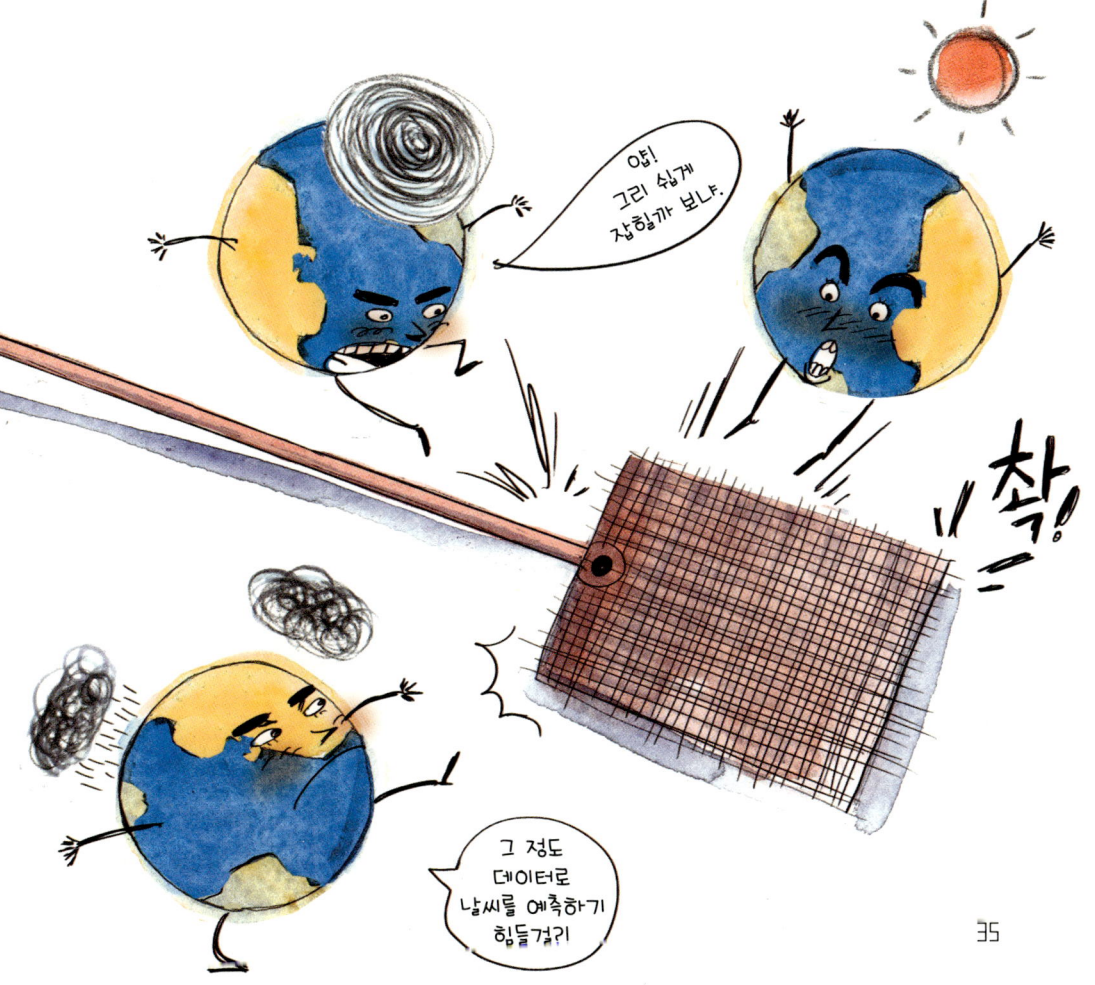

달라졌을지도 몰라요.

데이터의 많고 적음이 예측이나 판단을 하는 데 어떤 의미가 있는지 다시 설명해 볼게요. 친구 두 명이 있어요. 한 친구는 매주 한두 권의 책을 읽어서 5년 간 삼백 권의 독서를 했고, 다른 친구는 책 읽는 것을 워낙 싫어해서 5년 간 다섯 권만 읽었다고 해 봐요. 만약 두 친구가 독서 토론을 하면 결과는 어떻게 될까요? 책을 많이 읽은 친구가 유리하다는 걸 쉽게 짐작할 수 있을 거예요. 학습 능력은 데이터에 기반하기 때문에 독서를 함으로써 입력된 데이터 양의 차이가 학습 능력의 차이로 이어진 것이지요.

만약 양이 적은 데이터로 예측을 하게 되면 어떤 결과가 벌어질까요? 예를 들어 학생들을 대상으로 한 실험에서, 하루 동안 교실 앞문으로 들어오는 학생과 뒷문으로 들어오는 학생들의 성적을 비교해 앞문으로 들어올수록 성적이 좋다는 결과를 얻었다고 하면 여러분들은 그 실험을 신뢰할 수 있을까요? 이 경우 단 하루의 데이터만으로 얻은 결과이기 때문에 정확도가 떨어져요. 만약 1년 또는 10년 동안의 데이터를 모았다면 다른 결과가 나올 수도 있겠지요. 이처럼 데이터를 분석해서 좀 더 정확한 결과를 예측하려면 데이터가 많으면 많을수록 좋답니다.

데이터를 분석해서 정확한 결과를 예측한다는 말은 복잡하고 어려운 문제를 잘 해결할 수 있다는 말이에요. 복잡한 문제를 잘 해결하려면 많은 데이터가 필요하겠지요? 그런데 과거에는 데이터를 많이 모으기도 어려웠고 모은 데이터를 저장하기도 어려웠어요. 예를 들어 여러분들은 방에 책을 몇 권이나 쌓아 놓을 수 있나요? 많아도 천 권 이하일 거예요. 하지만 전자책 형태로 저장한다면 그보다 훨씬 더 많이 저장할 수 있겠지요? 이처럼 컴퓨터의 발달은 빅데이터를 만들어 내는 데 결정적인 기여를 했다고 할 수 있어요.

요즘 세계 최고의 인터넷 기업은 바로 구글이라는 회사예요. 알파고를 만든 구글은 빅데이터 보유량과 분석 기술에서도 세계 최고라고 할 수 있지요. 원래 구글은 인터넷 검색으로 사업을 시작했는데, 당시 다른 경쟁 업체들에 비해 빠르고 정확한 검색 엔진 기술을 개발해 세계에서 몇 손가락 안에 꼽히는 큰 기업이 되었어요. 하지만 이보다 더 중요한 사실은 구글이 이 검색 엔진을 기반으로 데이터들을 수집하고 분석해 세계 최고의 빅데이터 기업이 되었다는 것이에요.

앞으로도 빅데이터는 우리가 살아가는 데 있어서 정확한 판단과 예측을 가능하게 해 줄 거예요. 빅데이터를 활용하는 인공 지능 컴퓨터의 개발 목적도 단순히 바둑을 잘 두는 고성능 기계를 만드는 데 있는 것이 아니라, 그 기술이 인간이 살아가는 데 결정적으로 뭔가 도움이 될 거라고 여기기 때문이에요. 앞으로 스마트폰, 소셜 미디어 등 데이터가 폭증하는 시대에 단순히 빅데이터 자체만이 아니라 이 빅데이터를 어떻게 분석하여 잘 활용하는가 하는 것이 점점 더 중요한 문제가 될 거예요.

4차 산업 혁명의 핵심 엔진

산업 혁명이란, 산업 형태나 방식이 혁명적으로 크게 바뀐 것을 의미해요. 최초의 산업 혁명은 18세기에 영국에서 일어난 두 가지 큰 과학 기술의 발달에서 시작되었어요.

첫 번째는 와트에 의해 증기 기관이 획기적으로 개선된 일이었어요. 와트 이전의 증기 기관은 사용하기에 다소 불편해서 사람들은 가축이나 물의 힘으로 동력을 얻었지요. 하지만 와트가 증기 기관을 크게 개선한 이후부터 다양한 분야에서 증기 기관이 활용되기 시작했어요. 이후 스티븐슨이라는 사람에 의해 증기 기관차가 개발되고 이를 활용한 철도 수송이 본격화 되었지요. 이 두 가지 기술의 발전으로 사람이 일일이 손으로 만든 제품이 아닌 공장에서 기계에 의해 빠른 속도로 대량의 제품이 생산되었고, 이렇게 생산된 제품을 빠른 시간 내에 사람들에게 전달할 수 있게 되었어요. 바로 1차 산업 혁명의 시대였답니다.

제임스 와트의 증기 기관
1859년에 만들어진 와트의 증기 기관이에요. 현재 에스파냐 마드리드의 산업 공학 고등 기술 학교의 로비에 전시되어 있어요.

 이후 19세기 말부터는 2차 산업 혁명이 일어나면서 신기술들을 활용한 전기, 통신, 자동차 산업 등이 크게 발전했고 그를 기반으로 백열등, 전화, 자동차 엔진과 같은 발명품들이 많이 등장했어요. 우리가 아는 발명왕 에디슨도 이 시기 사람이랍니다. 무엇이 이런 발전을 가능하게 했을까요? 바로 전기였어요. 전기는 증기 기관에 비해 사람들의 일상에 더 큰 영향을 미쳤어요. 가정에서는 밤에도 밝게 생활할 수 있게 되었고, 공장에서도 긴 작업 시간 동안 제품들을 더 빨리 그리고 더 많이 만들어 낼 수 있었어요. 이 시기에 자동차 엔진이 개발되어 공장에서 대량으로 생산할 수 있게 되면서 바야흐로 자동차의 시대로 접어들게 되었답니다.

3차 산업 혁명은 컴퓨터에서 시작되었어요. 20세기 중반, 공장에서 컴퓨터를 활용할 수 있게 되면서 생산 자동화 시대가 열렸답니다. 옛날에는 사람들이 손으로 일일이 깎고 조립했던 일들을 컴퓨터가 자동으로 해 주기 시작했어요. 제품을 만들 때 뿐 아니라 팔 때에도 자동화 시스템이 도입되었어요. 제품 바코드에 리더기를 대면 자동으로 가격이 뜨고 계산도 할 수 있을 뿐만 아니라 제품이 얼

초창기 애플사의 개인용 컴퓨터
애플은 1970년대 이후 많은 컴퓨터 하드웨어와 소프트웨어를 개발한 기업이에요. 애플 컴퓨터가 만든 애플 투(Apple II)는 1977년에 만들어진 개인용 컴퓨터로, 70년대 말부터 80년대까지 개인용 컴퓨터를 유행시킨 모델이랍니다.

마나 남아 있는지도 컴퓨터를 통해 확인할 수 있게 된 거예요. 예전에는 사람이 직접 해야만 했던 많은 일들이 컴퓨터가 도입되면서 훨씬 빠르고 수월해졌답니다.

우리는 여전히 3차 산업 혁명 시대에 살고 있어요. 그렇지만 지금 전 세계적으로 4차 산업 혁명의 바람이 불어오고 있어요. 여러분들도 인터넷이나 텔레비전에서 4차 산업 혁명이라는 말을 많이 들어 보았을 거예요. 4차 산업 혁명은 앞으로 사람들의 삶에 또 어떤 영향을 미치게 될까요? 4차 산업 혁명도 컴퓨터와 관련이 있을 거예요. 3차 산업 혁명의 시대에 컴퓨터가 인간의 손발을 도와주는 역할을 했다면, 4차 산업 혁명의 시대에는 컴퓨터가 인간의 생각까지 도와주는 역할을 할 거예요. 컴퓨터가 특정 부분에서 인간보다 더 뛰어난 지능을 갖게 되는 것이지요.

4차 산업 혁명을 이끄는 분야들은 사물 인터넷, 자율 주행 자동차, 스마트 공장, 3D프린터 등 다양해요. 이들의 주요한 특징 중 하나는 대부분 인간을 대신할 수 있을 정도의 지능을 가졌다는 점이에요. 이런 기술을 잘 활용하려면 빅데이터가 정말 중요해요. 왜냐하면 빅데이터는 이런 여러 첨단 분야의 기반이 되어 주는 기술이기 때문이에요. 예를 들어 인공 지능은 학습을 위해 빅데이터가 필요해요. 사물 인터넷, 자율 주행 자동차, 스마트 공장 등 다양한 분야들은 빅데이터와 연결되어야 널리 쓰일 수 있어요.

미국의 제네럴 일렉트릭GE은 냉장고와 세탁기 같은 가전 제품으로 유명한 기업이었지요. GE는 여러분도 잘 아는 발명왕 에디슨이 설립한 전기 조명 회사를 모태로 1800년대 후반에 만들어졌으며 전통적으로 제조 업체의 상징과도 같은 기업이랍니다. 하지만 GE에서 2차 산업 혁명의 주도적 역할을 했던 가스터빈을 만드는 'GE파워'라는 기업은 주력인 제조업보다 컴퓨터로 데이터를 분석하고 관리해 주는 서비스에서 현재 매출액의 75퍼센트를 만들어 내고 있어요. 여기서 우리는 4차 산업 혁명이 가져올 변화를 엿볼 수 있어요.

전문가들은 4차 산업 혁명이 이전의 세 차례 산업 혁명보다 세상을 더 크게 바꿀 것이라고 예측해요. 특히 4차 산업 혁명을 이끄는 데 중심 역할을 하는 인공 지능은 학습을 위해 많은 데이터가 필요하고, 그런 점에서 엄청난 양의 다양한 빅데이터는 산업화 시대 공장과 자동차를 작동시켰던 기름처럼 4차 산업 혁명 시대의 기름과 같은 중요한 역할을 하게 될 거예요.

　우리나라에서도 2012년부터 '빅데이터 마스터플랜' 이라는 것을 수립하고 핵심 과제를 선정해 추진하고 있어요. 왜냐하면 이제 빅데이터는 단순히 한 기업의 성공 여부를 결정짓는 것이 아니라 미래의 국가 경쟁력에 큰 영향을 끼칠 것이기 때문이에요. 우리나라 뿐 아니라 주요 선진국들도 이미 빅데이터를 국가의 성장 동력으로 보면서, 정부가 주관하여 빅데이터 관련 기구를 만들고 정책이나 기술을 개발하는 등 국가 차원에서 지원을 아끼지 않고 있답니다.

빅데이터 분석가

 빅데이터 시대가 되면서 빅데이터 분석가라는 직업이 주목 받고 있어요. 2012년, 세계적으로 유명한 연구 기관에서도 빅데이터를 세계 10대 기술로 선정했어요. 그러면 빅데이터 분석가는 무슨 일을 하는 사람일까요?

 빅데이터 분석가는 사람들이 어떻게 행동할 것인가, 또는 우리 경제가 어떻게 될 것인가, 향후 유행은 어떻게 바뀔 것인가 등을 다양한 빅데이터를 이용하여 분석하고 중요한 보고서를 만드는 일을 해요. 한마디로 엄청난 양의 빅데이터에서 가치 있는 의미를 찾아내는 직업이라고 할 수 있지요. 여러분들도 조금 관심이 가나요?

 빅데이터 분석가가 되려면 다음과 같은 능력이 필요해요. 먼저 통계학에 대해서 알아야 하고요, 컨설팅을 하는 능력도 요구돼요. 그와 함께 데이터 분석을 어떻게 할 것인가 하는 기획 능력도 있어야 해요. 물론 여러분들은 아직 이러한 능력이 구체적으로 어떤 것인지 이해하기 어려울 수도 있지만, 무엇보다 중요한 점은 빅데이터를 분석하고 연구하는 일이 창의성을 발휘하기 좋은 전문 직업이라는 거예요. 최신 유행의 흐름과 새로운 아이디어를 찾는 일이니까요.

우리나라의 빅데이터 분석가들은 대기업이나 IT전문 기업 등에서 주로 일하고 있어요. 하지만 이 일을 전문적으로 할 수 있는 사람들이 아직 많이 부족해요. 맥킨지라는 미국의 유명한 컨설팅 회사의 보고서에 따르면 2018년까지 미국에서 빅데이터 분석 노하우를 가진 매니저와 분석가들이 150만 명 정도 부족할 거라고 했어요.

여러분도 이쪽 분야에 관심을 가지고 능력을 키워 보세요. 빅데이터를 수집하고 분석하는 능력은 앞으로 모든 분야에서 유용하게 쓰일 중요한 기술이 될 테니까요.

3. 빅데이터는 어떻게 만드는가?

스스로 생성하는 빅데이터

사람들이 1년 동안 평균적으로 만들어 내는 데이터의 양은 어느 정도 될까요? 최근 결과는 아니지만 세계적 컨설팅 회사가 2011년에 조사한 바에 따르면, 당시에도 한 사람당 280기가바이트나 되었다고 해요. 영화 한 편을 DVD로 만들면 6기가바이트 정도 되니까 280기가바이트면 영화 45편 정도의 크기가 되는 거예요. 요즘에는 인터넷, 모바일 기기 사용이 늘어나 사람들이 실시간으로 도처에 흔적들을 남기니 데이터양이 더욱 기하급수적으로 증가하고 있답니다.

쇼핑을 예로 들어 볼까요? 마트에서는 판매된 상품과 재고 상태가 데이터로 남아요. 그런데 인터넷 쇼핑몰을 이용한다면 상품의 판매와 재고 상태뿐만이 아니라 사람들이 쇼핑몰에서 상품을 찾기 위해 검색한 기록과 경로까지 데이터로 저장돼요. 사람들이 요즘 어떤 물건에 관심이 많은지, 얼마 동안 쇼핑몰에 머물렀는지까지 알 수 있지요. 요즘은 쇼핑뿐 아니라 공부, 여가 활동, 자료 검색, 이메일 체크 등 대부분의 시간을 인터넷에 할애하고 있어요. 그래서 인터넷을 활용한 데이터가 실시간으로 저장되고 있으니 그 양이 매우 많겠지요.

여러분들은 의식하지 못하겠지만 일상생활에서도 수많은 데이터가 만들어지고 있어요. 아침에 버스를 타면서 버스 단말기에 교통카드를 대는 순간 데이터가 만들어져요. 학교 근처 CCTV에서 녹화되는 영상들도 데이터로 만들어지죠. 또 친구들과 SNS를 하면서 나누는 대화들도 데이터로 쌓여요. 사람들이 이런 식으로 만들어 내는 데이터 양은 실로 어마어마해요. SNS에는 전 세계적으로 매달 새로운 콘텐츠 약 300억 개가 만들어지고 있으며, 1분마다 400~500시간 분량의 동영상 파일들이 유튜브에 올라온다고 해요.

앞에서 빅데이터의 데이터는 컴퓨터가 처리 가능한 형태로 되어야 한다고 했지요? 현재 우리가 사는 세상에서는 많은 자료가 디지털

화 되어 있어요. 하지만 과거에는 손으로 직접 기록하거나 인쇄물 형태로 만들어 저장했어요. 최근에는 컴퓨터나 웹, 클라우드 등에 디지털 형태로 데이터를 저장해요. 예를 들어 요즘 출판되는 책들도 인쇄본과 함께 이북E-book이라는 디지털 형식의 도서로도 만들잖아요.

얼마 전까지만 해도 이런 데이터들은 하나의 저장 형태가 아니고 다양한 형태로 만들어져서 통합해 분석하기가 어려웠어요. 그래서 새로운 형태의 데이터가 다양한 분야에서 엄청난 분량으로 만들어지고 있어도 더 유용하게 활용할 수 없었지요. 예를 들어 웹사이트 접속 기록, 위치 정보 데이터, 다양한 디지털 기기의 센서에서 만들어지는 데이터 등은 과거의 컴퓨터 프로그램으로는 처리하기 어려운 데이터들이었어요.

지금은 정보 통신 기술의 발전으로 이러한 비정형 데이터들도 처

리가 가능해졌지만, 여전히 실시간으로 만들어지고 있는 데이터들 중 실제 빅데이터로서 분석에 활용되는 것은 0.5퍼센트도 안 된다고 해요. 데이터 생성에 큰 공헌을 하고 있는 스마트폰은 한 해 판매량만 약 10억 대가 넘어요. 약 2백만 년 전 인류가 등장했을 때부터 지난 2년 전까지 만들어진 데이터의 총량보다, 최근 2년 동안 만들어진 데이터 양이 더 많다는 통계도 있어요. 그만큼 우리가 감당하기 어려울 정도로 엄청난 분량의 데이터가 실시간으로 빠르게 생성되고 있는 거예요.

　빅데이터는 사물 인터넷IoT이 증가하면서 더욱 중요해졌어요. 사물 인터넷으로 연결된 네트워크에서 얻는 데이터들은 앞에서 얘기한 빅데이터의 속성인 3V의 특징을 그대로 따르고 있답니다. 즉, 사물 인터넷을 통해 만들어지는 데이터는 실시간으로, 다양한 디지털 기기에서 생성되며, 처리 속도가 빨라요. 예전에는 관리되지 못한 자료들을 이제는 한곳에서 통합하여 수집 또는 저장해 관리할 수 있게 되었고, 이는 방대한 분량의 빅데이터들에서 새로운 가치를 찾아낼 수 있게 된 것을 의미해요.

예를 들어 컴퓨터 칩이 내장된 운동화를 신으면 걷고 뛰고 움직일 때마다 그 데이터가 클라우드 서버에 실시간으로 저장돼요. 또 마트에 있는 카트에 컴퓨터 칩을 설치하면 고객이 물건을 골라 카트에 담을 때마다 물건의 가격이나 유통 기한, 요리법, 고객의 상품 선택 취향과 같은 데이터가 실시간으로 만들어져 축적될 거예요. 고객이 마트에서 어떻게 이동하고 어느 진열대에서 많은 시간을 보내는지도 데이터로 저장될 수 있어요. 이처럼 주변의 모든 기기들이 인터넷에 연결되는 사물 인터넷 시대에 만들어지는 데이터의 양은 상상을 초월할 정도로 더욱 많아질 거예요.

여러 연구 기관들에 따르면 대략 2020년까지 전 세계 데이터의 총량은 40제타바이트 정도가 될 거라고 추측해요. 제타바이트란 테라바이트에 1,000을 곱하고엑사바이트, 또 여기에 1,000을 곱하고페타바이트, 다시 1,000을 곱한 단위예요. 정말 엄청나게 큰 숫자이지요? 아마도 그 40제타바이트도 그때 기준으로 최근 데이터에만 해당될 것이고 앞으로 데이터가 만들어지는 속도는 점점 더 빨라질 거예요.

IT기술로 처리되는 빅데이터

이전부터 사람들은 쇼핑을 하고, 거리에 CCTV가 있었고, 버스 카드도 사용했는데 왜 최근에야 빅데이터가 이렇게 중요해졌을까요?

오늘날 빅데이터가 중요해진 이유는 여러 매체와 편리한 디지털 기기의 발달로 과거에 비해 데이터의 양이 폭발적으로 증가한 이유도 있지만, 과거 방대한 양의 데이터를 분석할 때 큰 비용이 들었던 것이 요즘에는 적은 비용으로도 가능해졌기 때문이에요.

예를 들어 많은 양의 자료를 초고속으로 분석할 수 있는 슈퍼컴퓨터는 가격이 무척 비싸 특별한 목적이 있는 정부 기관이나 연구소 등에서만 사용이 가능했어요. 하지만 최근 기술의 발달로 성능이 뛰어난 개인용 컴퓨터가 널리 보급되어서 흔히 여러분들이 사용하는 컴퓨터 정도로도 데이터 분석이 가능할 수 있게 되었지요.

또한 CCTV 데이터, 블랙박스 데이터, 내비게이션 데이터 등 실생활에서 자주 쓰이는 기기들에서 다양한 데이터들을 뽑아낼 수 있는 첨단 기술도 획기적으로 발전해서 예전과는 비교가 안 될 정도의 저렴한 비용으로 데이터 분석이 가능해졌지요. 같은 크기의 데이터라도 큰 비용을 들여 분석해야 하는 데이터라면 빅데이터로서의 가치가 떨어질 수 있거든요.

그러면 구체적으로 어떤 기술이 발전했기 때문에 빅데이터 시대가

도래한 것일까요? 바로 데이터 마이닝Data Mining이라는 기술이에요. '마이닝Mining'은 '캐다'는 뜻이에요. '광산에서 금을 캔다'라고 할 때 '캔다'에 해당하는 영어 단어가 마이닝이지요. 데이터 마이닝은 데이터에서 가치 있는 정보나 지식을 뽑아내는 과정이라고 이해하면 돼요.

   데이터 마이닝은 그 목적에 따라 몇 가지로 나누어 볼 수 있어요. 대표적으로는 '예측'하기 위한 데이터 마이닝이 있어요. 이는 다양한 데이터를 분석하여 특정한 결과를 예측하는 거예요. 기상청에서

비가 올지 말지를 예측하는 것, 신제품이 얼마나 팔릴지를 예측하는 것 등이지요. 또 한 가지는 '규칙'을 찾아내기 위한 데이터 마이닝이죠. 이것은 데이터들 사이의 관계를 추측하는 거예요. 예를 들어 우유를 좋아하는 사람은 젤리도 좋아한다는 분석 결과를 얻으면 마트에서 제품을 진열할 때 참고할 수 있겠지요. 우유 옆에 바로 젤리를 놓아두는 것처럼 말이에요.

　그러면 데이터 마이닝은 어떻게 하는 것인지 궁금하죠? 첫 번째 단계에서는 어떤 데이터에서 정보를 캘 것인가를 먼저 결정해야 해요. 예를 들어 빅데이터를 이용하여 원활한 교통 흐름을 위한 신호등 체계를 바꾸려고 한다면 해당 도로에 설치되어 있는 교통 카메라의 데이터를 수집하고 이를 정리하는 것이 필요하겠죠?

빅데이터

두 번째 단계는 사전 처리 단계라고 하는데 데이터에서 그 의미나 패턴을 찾기 위해서 데이터를 조정하는 단계예요. 예를 들어 교통 카메라의 데이터에는 여러 가지 정보들이 혼재되어 있는데 이 중에서 혼잡 시간대에 오가는 자동차 데이터만 뽑아내는 거예요.

세 번째 단계는 데이터를 변환하는 단계인데, 분석을 가장 효율적으로 하기 위해 데이터 수를 조정하고 분석할 수 있는 수식을 만드는 단계예요. 즉, 혼잡 시간대의 자동차 데이터와 신호등 점멸 시간 등으로 수식을 만드는 것이지요. 그리고 이 수식에서 도출된 결과를 통해 해석하고 평가하는 단계가 진행된답니다. 신호등의 예에서 본다면 도로의 혼잡도를 가장 낮출 수 있는 시간 간격을 찾아내어 이 간격으로 교통신호가 바뀌도록 하는 것이에요. 그리고 이 결과를 적용해 보고 효과적이지 않다면 처음의 데이터 선정 단계부터 다시 시작한답니다.

과거에도 데이터 마이닝 기술이 있었어요. 하지만 과거의 데이터 마이닝 수준은 작은 창고에 쌓아 놓은 물건들에서 좋은 물건들을 찾는 식으로 아주 단순한 것이었어요. 빅데이터 시대의 데이터 마이닝 기술은 태평양과 같은 넓은 바다에서 수십 킬로미터 아래까지 내려가 다양한 물고기들을 찾는 수준이라고 할 수 있어요. 빅데이터가 만들어 낸 넓고 넓은 공간에서 첨단 분석 기술을 통해 새로운 정보와 지식을 추출해 내는 것이지요. 바로 21세기의 또 다른 금광과 유전을 찾아내는 것이라고 생각하면 돼요.

빅데이터는 사실 그 자체로는 새로운 것이 아닐 수도 있어요. 이전에도 대용량 데이터는 있었으니까요. 하지만 용량이 큰 데이터를 분석하기에는 기술이 뒷받침해 주지 못했기 때문에 너무나 큰 비용이 들고 시간이 오래 걸려 데이터를 효율적으로 활용할 수 없었지요. 그래서 과거에는 그저 인터넷에서 배출되는 쓸모없는 정보들, 효용 가치 없이 쏟아지는 폐기물 정도로 취급받았던 데이터들이 분석 기술의 발달로 그 가치가 재평가되고 있는 거예요. 이제는 수많은 데이터를 효율적으로 분석해 미래를 예측하는 일까지 가능해졌답니다.

빅데이터와 창의적 마인드

'21세기의 금광'으로 불리는 빅데이터 분석 기술을 이용해 성공을 거둔 기업들이 있어요. 여러분들도 잘 아는 구글, 애플, 아마존, 페이스북 등은 빅데이터를 분석해 새로운 사업 모델을 만들어 세계 최고의 기업으로 자리 잡았답니다. 그렇다면 어떤 기업이든 빅데이터만 있으면 모두 성공할 수 있을까요? 단순히 데이터를 많이 가지고 있는 것만으로는 안 돼요. 수집한 빅데이터를 잘 활용해서 사람들에게 유용한 가치로 만들 수 있는 창의적인 생각Idea이 있어야 해요. 구슬이 서 말이라도 꿰어야 보배라는 속담처럼 말이에요.

남들이 미처 생각하지 못한 색다른 아이디어를 생각해 내는 창의성은 빅데이터의 시대에 특히 더 중요해요. 유명한 미래학자인 앨빈 토플러는 창의성 있는 기업이 성공을 거둔다고 말하기도 했어요. 그래서 많은 기업들은 직원의 창의력을 높이고자 회사 내에 놀이 공간을 만들거나 여행을 장려하는 등 다양한 노력을 하고 있지요.

그러면 빅데이터를 활용한 창의성이란 구체적으로 무엇을 말하는 것일까요? 이는 데이터의 분석 결과를 토대로 겉으로 잘 드러나지 않는 새로운 가치를 발견하고, 그 가치의 관계나 의미를 파악하는 능력이라고 할 수 있어요. 그림을 그리거나 음악을 작곡하는 예술가들에게도 창의성은 필요해요. 예술가들에게서 볼 수 있는 창의성과 빅데이터와 관련한 창의성은 크게 보면 같을 수도 있지만 창의성이 만들어지는 방법에서 약간 달라요. 빅데이터를 활용할 때의 창의성은 데이터를 잘 분석해서 데이터간의 규칙적인 패턴 또는 법칙을 얼마나 정확하게 잘 찾아내는가에 달려 있어요.

일반적으로 사람들은 창의성에서 두 가지 필수적인 요소를 얘기하는데 그 가운데 하나는 '독창성'이고 또 다른 하나는 '유용성'이에요. 독창성이란 남들은 잘 떠올리지 못하는 기발하고 독특한 것을 생각해 내는 능력을 말하고, 유용성은 그러한 생각이 실제 쓸모가 있는지에 대한 것이에요. 아이디어가 아무리 독특해도 실제로 활용할 수 없다면 아무 의미가 없겠지요? 예를 들어 깨지지 않는 달걀을 개발했다면, 독특하기는 해도 먹을 수 없으니 소용없는 달걀이 되어 버리는 것처럼 말이에요.

빅데이터 시대의 창의성이란, 우리가 아직 파악하지 못한 데이터 내의 규칙적인 패턴을 찾아내 유용하게 활용하는 것이라고 할 수 있는데 이것은 말처럼 그렇게 쉬운 일이 아니에요. 꽤 많은 몰입과 노력이 있어야 가능하지요. 그 일을 하는 사람들이 바로 빅데이터 전문 분석가들이랍니다. 물론 컴퓨터 프로그램을 이용해 분석 결과를 얻기는 하지만, 그 전에 어떤 분석 기준을 적용할지 선택하기 위해 특별한 노력이 필요하지요. 발명왕 에디슨이 천재의 능력은 99퍼센트 노력과 1퍼센트 영감으로 이루어져 있다고 말했듯이 빅데이터를 분석할 때에도 준비와 몰입에 99퍼센의 노력이 요구돼요. 99퍼센트의 땀 덕분에 떠오른 1퍼센트의 영감으로 문제를 해결할 수 있는 통찰력도 생기고, 그 통찰력이 창의성으로 이어질 수 있답니다.

얼마만큼 몰입해야 하느냐고요? 이렇게 생각해 봐요. 여러분 중에서 게임을 하다가 친구와의 약속을 잊어버리거나 숙제하는 것을

까먹거나 한 적이 있나요? 자나 깨나 게임 생각만 해서 그래요. 빅데이터 분석도 마찬가지예요. 데이터를 계속 들여다보면서 여러 가지 프로그램에 넣어 돌려 보기도 하고, 쉬지 않고 빅데이터만 머릿속에서 생각하는 거예요. 누가 알려 주고 가르쳐 줘서 답을 얻어 내는 것이 아니라 스스로 생각하고 집중적으로 몰입하여 답을 얻어 내는 거예요. 이러한 과정이 창의성을 가져다주는 방법이 되는 것이랍니다.

몰입으로 창의성을 얻을 수 있는 사례는 고대 그리스 시대까지 거슬러 올라가요. 기원전 3세기 무렵, 시라쿠사의 왕 히에론 2세는 신전에 바칠 순금 왕관을 만들라고 기술자들에게 명령했어요. 그런데 의심이 많았던 왕은 기술자들이 왕관을 진짜 순금으로 만들었는지 아니면 가격이 싼 은을 섞어 만들고 돈을 빼돌렸는지 알고 싶어졌어요. 왕은 당시 수학자이자 물리학자로 명성이 자자했던 아르키메데스를 불러 왕관에 흠집을 내지 말고 성분을 알아내라고 했어요. 왕의 명령이니 무슨 수를 써서라도 해결을 해야 했던 아르키메데스는 며칠 동안 이 문제에만 골몰하며 답을 얻으려고 노력했지요.

약속한 날이 다가와도 답을 얻지 못하고 전전긍긍하던 어느 날이었어요. 아르키메데스는 지친 심신을 달래고자, 뜨거운 물을 받아 놓은 탕 안에 들어갔다가 물이 탕 밖으로 흘러넘치는 것을 보고 갑

자기 영감이 떠올랐어요. 그것은 물체가 물에 잠기면 그 물체의 부피만큼 물이 흘러넘친다는 규칙이었지요. 아르키메데스는 너무 기쁜 나머지 옷도 입지 않고 "유레카알아냈어!"를 외치며 목욕탕 밖으로 뛰쳐나왔다고 해요. 빅데이터 분석에서도 이러한 몰입이 필요해요. 즉, 순간적으로 번뜩이는 창의성이 아니라 오랫동안 집중한 뒤에 비로소 나타나는 창의성인 것이죠.

더 알아보기

빅데이터 1.0과 빅데이터 2.0

'빅데이터 1.0'은 데이터가 양적으로 크게 증가한 것을 말해요. 이는 단순히 데이터를 많이 수집하고 이해하는 수준으로, 컴퓨터 파일 형식의 데이터를 대용량으로 모았다는 것 자체로 대단한 이슈가 되었지요. 인터넷 서점에서 판매하는 책 수십만 권이 있다고 해서 이를 빅데이터라고 하지는 않아요. 하지만 사람들이 인터넷 서점을 이용하면서 구입하고 검색한 책들, 사려고 저장해 둔 책 목록 등의 데이터가 아주 오랫동안 쌓여 데이터로 만들어졌다면 이것을 빅데이터라고 할 수 있어요. 오랜 시간 사람들이 이용한 흔적이 모두 데이터로 저장되니 그 양도 엄청나게 많을 거예요.

이렇게 데이터의 양을 많이 축적하는 것에 그치지 않고, 이 데이터가 내포한 중요한 의미나 가치를 새롭게 뽑아낼 때 이를 '빅데이터 2.0'이라고 할 수 있어요. 빅데이터 2.0의 핵심적인 특징은 많은 데이터를 잘 분석해서 새로운 가치를 발견하고 이를 새로운 의사 결정에 반영하는 통찰력을 끌어내는 것인데, 이를 정보 최적화 Information Optimization라고 해요.

빅데이터 1.0이 특정한 문제를 해결하기 위한 일회성의 해결 방법이라면 빅데이터 2.0은 그 일회성 해결 방법을 포함해 복합적인 문제를 해결하고 전혀 다른 새로운 콘텐츠와 서비스를 만들어 내는 과정 자체라고 할 수 있어요. 빅데이터 1.0이 눈에 드러나는 객관적 사실들을 축적하는 수준이라면, 빅데이터 2.0은 창의력과 통찰력을 통합되어 새로운 가치를 찾아내는 것이랍니다.

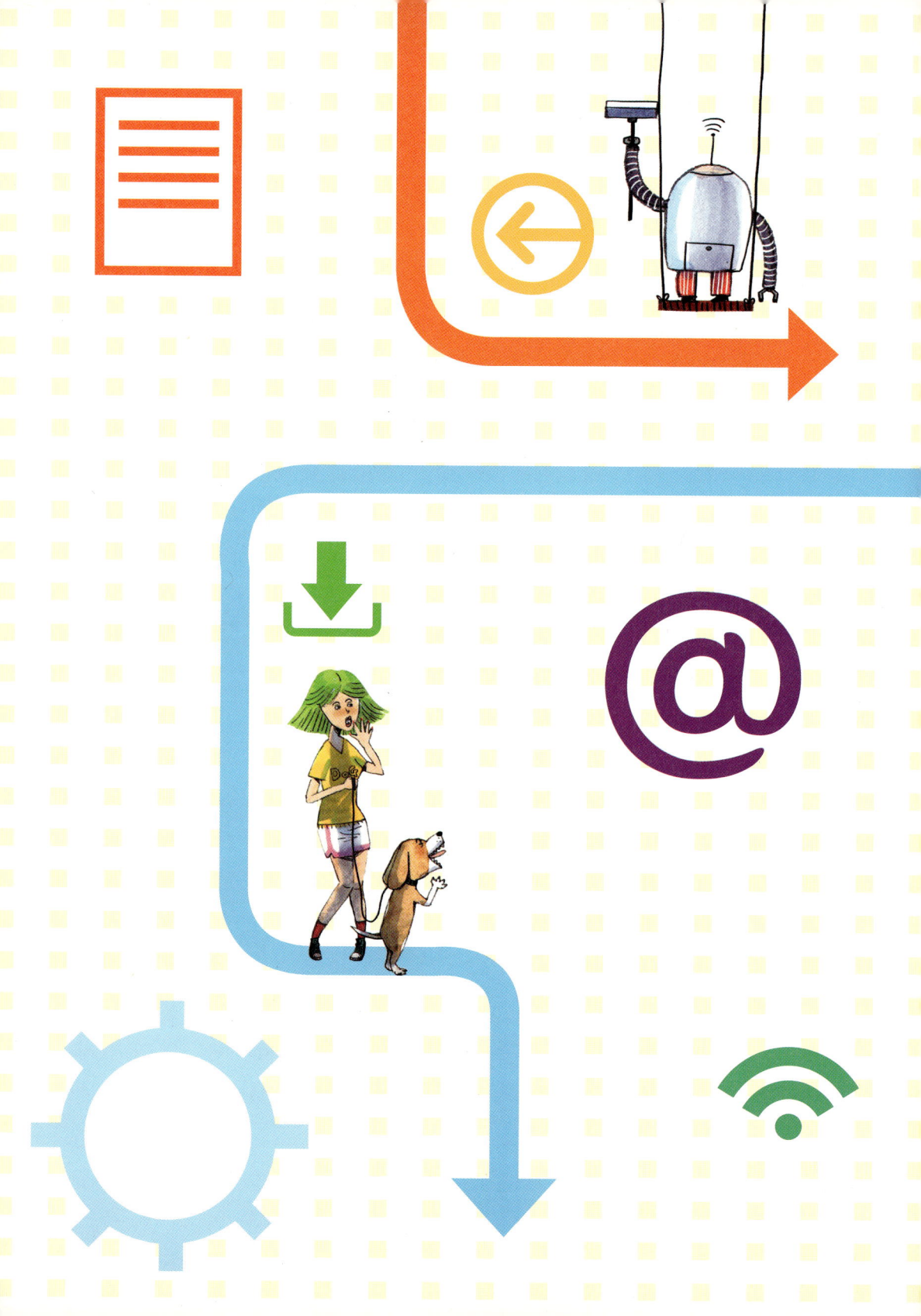

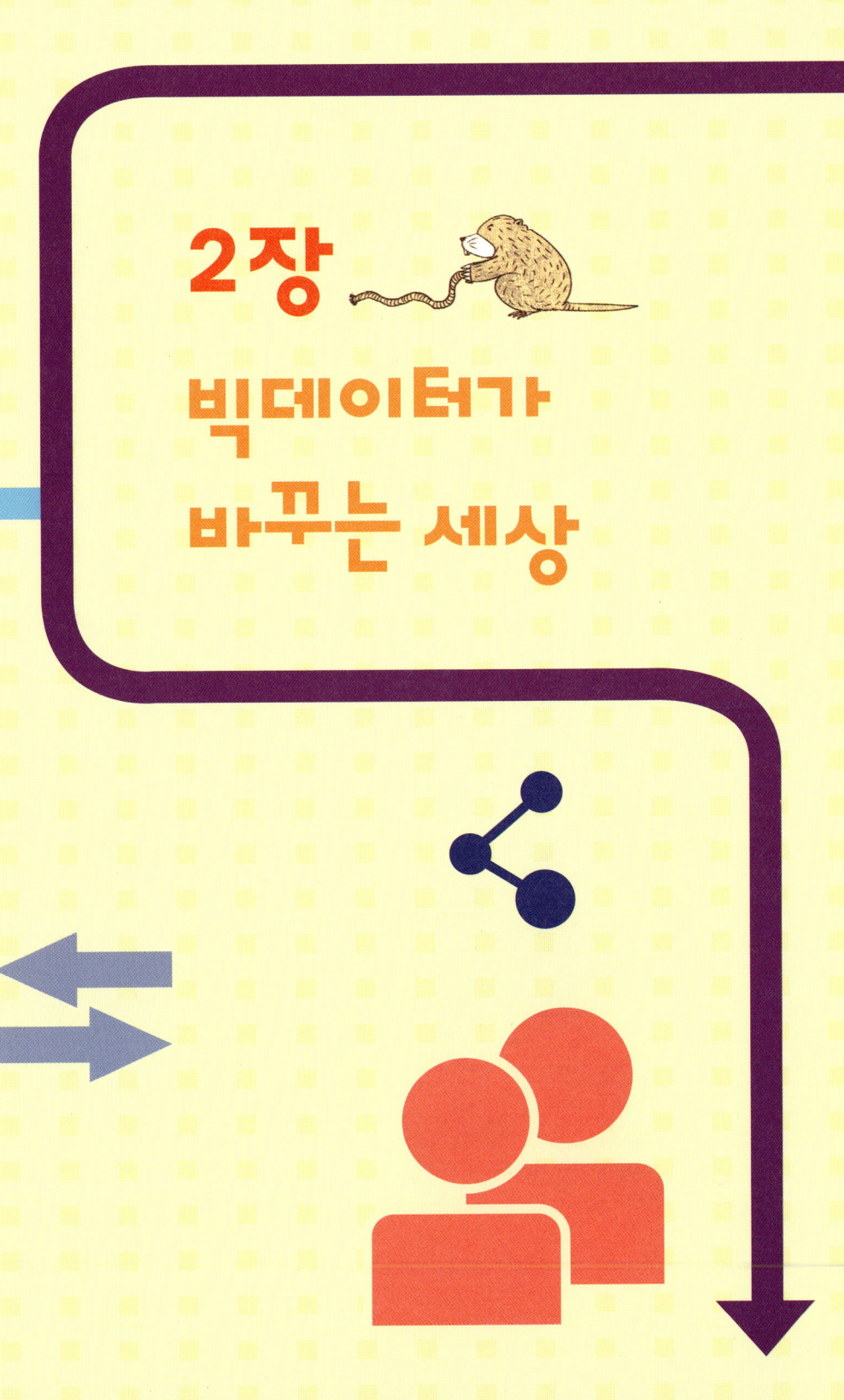

2장
빅데이터가 바꾸는 세상

독감 발병을 미리 예측한 구글

2009년, 전 세계적으로 신종 플루라는 새로운 독감 바이러스가 크게 퍼진 적이 있어요. 이전까지 나타난 적이 없던 바이러스였기에 사람들은 공포에 떨었답니다. 그런데 이 신종 플루 바이러스의 확산을 막는 데 결정적 공헌을 한 기업이 있었어요. 바로 우리가 잘 아는 구글이에요. 제약 회사도 아닌 구글이 어떻게 바이러스 확산을 막을 수 있었을까요? 당시 구글이 생각해 낸 아이디어는 단순했어요. 독감에 걸린 사람들은 대개 인터넷으로 '신종 플루', '독감', '병원 위치' 같은 말을 검색한다는 점에 착안했어요. 그래서 바이러스와 관련하여 사람들이 가장 많이, 또 자주 검색하는 말과 위치 정보를 분석해서 신종 플루 바이러스의 확산 경로를 정확히 예측할 수 있었답니다. 만약 빅데이터가 아니었다면 생각하기 어려운 방법이었을 거예요. 검색어를 토대로 한 이 독감 트렌드는 실제로 미국 정부가 공식 발표하는 것보다 더 앞서 발표된다고 해요. 이제 전염병 확산에 대한 대책을 세울 때도 빅데이터 분석이 큰 힘을 발휘하게 된 것이지요.

1. 일상을 혁신적으로 바꾸다

똑똑해진 내비게이션

빅데이터는 이미 우리 생활 속 깊숙이 들어와 있어요. 주변을 둘러보면 우리가 실생활에서 편리하게 사용하는 수많은 디지털 기기들이 있어요. 요즘에는 이런 디지털 기기들이 컴퓨터의 기능을 갖추고 인터넷 네트워크에 연결되는데, 여기에 빅데이터가 결합되면 더 뛰어난 능력을 발휘하게 돼요. 예를 들어 볼까요? 요즘 버스 정류장에 많이 설치된 전광판을 보면 내가 기다리는 버스가 얼마나 혼잡한지 표시가 되어 있어요. 버스를 탈 때 사람들이 사용하는 교통 카드 데이터를 분석해서 버스에 사람들이 얼마나 많은지를 실시간으로 알 수 있는 거예요. 이렇게 어떤 버스가 언제 어디에 도착하는지를 실시간으로 알려 주는 스마트폰 버스 앱이나, 사람들이 많이 보는 영화나 책을 추천해 주는 앱 기술은 모두 빅데이터를 기반으로 하는 서비스들이에요.

  여러분들도 명절이나 휴가철, 주말에 가족이나 친구들과 교외를 나갈 때 도로에 차들이 너무 많아 정체된 경험이 한 번쯤은 있을 거예요. 요즘에는 길을 알려 주는 내비게이션 기능이 아주 똑똑해졌어요. 혼잡하거나 많이 정체될 예정인 경로를 미리 파악해 이용자들이 다른 길로 갈 수 있도록 안내하고 도착 예정 시간도 미리 알려 줘요. 내비게이션 기술이 이렇게 빠르고 정확하며 다양해진 이유는 바로 빅데이터 때문이랍니다. 요즘 모바일 내비게이션은 이용자들이 사용한 데이터를 기반으로 서비스를 제공해요. 단순히 도로가 막히는 것만 알려 주는 게 아니라 과거 교통 정보까지 결합해 도착 시간을 추정해 내거든요. 이렇게 교통 정보를 정확히 계산해 내면 내비게이션 사용자가 늘어나고, 사용자가 늘어나면 그만큼 데이터가 많이 쌓여 더 정확한 교통 상황을 예측할 수 있게 되지요.

이처럼 사용자들의 데이터를 모으는 방식을 크라우드 소싱Crowd Sourcing이라고 해요. 크라우드 소싱이란 대중들의 아이디어와 정보를 모아 새로운 서비스를 제공한다는 의미랍니다. 이스라엘에 있는 내비게이션 업체인 '웨이즈WAZE'가 이런 방식으로 지도를 만들어서 사용자들이 서비스에 직접 참여해 지도를 편집하고 실제 사용할 때 잘 적용되는지도 확인할 수 있도록 했어요. 돈도 전혀 받지 않고요. 지금은 이 방식이 어느 정도 일반적이지만 10년 전인 2006년만 해도 아주 획기적인 방식이었지요.

한 기업에서 소수 직원이 투입되어 시스템을 만드는 것보다, 수많은 이용자가 서비스를 이용하며 도로 상황과 교통 정보 데이터를 실시간으로 제공하면 길 안내의 신속성과 정확성이 더 좋아지겠지요? 2013년, 구글은 자신들이 만든 지도 서비스인 구글맵을 더 발전시키기 위해 웨이즈를 우리나라 돈 1조 4천 억 원에 인수했어요. 사용자 참여에 기반한 빅데이터 생성의 중요성을 예견했기 때문이지요.

최근에는 자가용뿐만 아니라 대중교통도 빅데이터를 활용하여 이용자들에게 최적의 서비스를 제공할 수 있게 되었어요. 몇 년 전, 서울시는 늦은 밤에 귀가하는 사람들을 위해 심야 버스를 운영하기로 했어요. 하지만 이 버스를 운영하려면 사람들이 얼마나 이용할지, 또 노선을 어떻게 만들지 고려할 사항이 많았어요. 적지 않은 비용이 드는 일인데 이용하는 사람들이 적거나, 또 이용자들이 불편을 겪으면 안 되니까요.

  예전 같으면 시민들에게 직접 설문 조사를 했을지도 몰라요. 하지만 설문 조사는 주관적인 견해나 답변의 변동 사항이 많아서 정확하지 않을 수 있어요. 모든 사람들을 대상으로 설문 조사를 한다는 것도 현실적으로 어렵고요. 그래서 서울시는 심야 버스 운행을 결정하기에 앞서 자정부터 새벽 다섯 시까지 이동 통신사의 고객 통화량 데이터 통계를 분석했어요. 이를 바탕으로 서울시에서 심야에 운행 가능한 시내버스 대수, 정류소 현황 등의 데이터를 종합적으로 고려한 뒤 시민들이 가장 편리하게 이용할 수 있는 버스 노선을 결정했지요. 이렇게 과학적이고 객관적인 분석으로 만든 정책은 시민들의 좋은 평가를 받으며 큰 신뢰와 호응을 이끌어 냈고, 서울시의 심야 버스 제도는 실제로 빅데이터 분석을 정책 결정에 유용하게 반영한 사례로 많이 언급되고 있답니다.

마트와 백화점의 맞춤형 서비스

삶이란 무엇이라고 생각하나요? 여러분에게는 너무 어렵고 철학적인 질문인가요? 많은 사람들이 삶은 선택의 연속이라고 얘기를 해요. 여러분들도 매일매일 선택을 해야 할 일이 많을 거예요. 게임을 할까? 숙제를 할까? 라면을 먹을까? 밥을 먹을까? 텔레비전을 볼까? 놀러 갈까? 등 말이지요. 특히 요즘은 수많은 물건들이 중에 사야 할 물건을 고르는 것도 중요한 선택 결정들 가운데 하나예요.

사람들은 보통 습관에 따라 구매 결정을 한다고 해요. 특히 자신이 평소 특정 물건을 구입했던 장소에서 같은 물건을 다시 사려는 경향이 있대요. 이런 습관을 바꾸기가 쉽지 않기 때문에 기업들은 고객이 자신들의 영업장소에 물건을 사러 오도록 치열하게 판촉 경쟁을 벌여요. 다양한 할인 쿠폰을 제공하거나, 하나를 사면 같은 물건 하나를 더 얹어 주는 1+1 행사를 진행하는 것처럼 말이지요.

그런데 이렇게 바뀌기 힘든 습관도 바뀌는 계기가 있다고 해요. 바로 사람들이 중요한 일을 겪게 될 때예요. 만약 여러분이 갑자기 버스로 통학하는 학교에 다니게 되면 늦게까지 자는 습간이 저절로 고쳐지겠지요? 그러니 고객이 새롭고 특별한 경험을 하게 되는 시점을 알 수 있다면 마트나 백화점 등에서 홍보 전략을 세우기도 쉽고 물건을 더 많이 팔 수 있을 거예요. 그렇다면 불특정 다수의 고객들이 직접 말하지 않아도 백화점이나 마트에서는 어떻게 소비자의 일상에 일어나는 중요한 일들에 대해 알 수 있을까요?

몇 년 전 미국에서 있었던 일이에요. 한 대형 마트에서 어떤 가정에 임신·육아 용품 할인 쿠폰을 보냈어요. 그 집의 아버지는 사용할 일도 없는 물건 쿠폰을 마트에서 보냈다고 투덜거렸는데 며칠 뒤에 딸이 임신했다는 사실을 알게 되었어요. 아버지도 몰랐던 딸의 임신 사실을 마트는 어떻게 먼저 알았을까요? 마트는 이 집의 딸이 최근 구매한 물품의 종류와 변화를 분석해서 임신 가능성이 있다고 판단했고 장래 필요한 용품을 구입할 수 있는 쿠폰을 보낸 거예요.

이 대형 마트는 고객들의 일상생활에서 중대한 사건 가운데 하나로 '출산'에 주목했어요. 그래서 세밀한 빅데이터 분석으로 임신·육아와 관련한 대표 제품 몇 십 개를 뽑아냈고 이를 활용해 여성 고객들의 임신 여부를 파악할 수 있는 방법을 만들었어요. 이 과정에서 임신 가능성이 높은 고객들에게 산모와 신생아 관련 상품 쿠폰을 발송했고, 심지어 출산일까지 거의 정확히 알아내어서 임신 단계에 맞춘 쿠폰을 고객들에게 보낸 거예요. 대단하지 않나요? 이것이 바로 빅데이터의 힘이랍니다.

더 예를 들어 볼까요? 미국의 저가 항공사 가운데 사우스웨스트 항공사라는 곳이 있어요. 매년 고객 만족 조사에서 높은 점수를 받고 있는 기업이지요. 이 기업의 성공 비결은 다른 항공사들이 일반적으로 하는 좌석 지정, 기내식 등에서 불필요한 서비스를 줄이고 승객들이 필수로 원하는 서비스에만 초점을 맞추었다는 거예요. 또 미국 내에서 주로 단거리를 운행하는 특성상 한 도시에서 다른 도시로 가는 운항 횟수를 늘리고 운행 시간을 정확히 지켰지요. 사우스웨스트 항공사는 고객 서비스에 빅데이터를 접목하여 활용했어요. 빅데이터 분석 전문 기업의 도움을 받아 데이터베이스에 저장되어 있는 탑승객의 쇼핑 선호도를 분석한 다음 비행기 좌석 앞에 부착되어 있는 개인 모니터에 승객별로 다른 광고를 제공했어요. 이 방식은 광고를 본 사람들이 해당 제품이나 서비스를 구매하는 데 훨씬 효과가 컸고 그만큼 항공사의 광고 수입도 늘어났지요.

세계 1위의 인터넷 종합 쇼핑몰 기업 아마존도 빅데이터를 활용해 고객들에게 다양한 맞춤형 광고를 제공하고 있어요. 아마존에서는 모든 고객들의 구매 내역을 저장하고 분석해서 고객들의 취향과 관심사를 미리 파악해 각 고객별 추천 상품을 알려 줘요. 같은 상품을 모두에게 추천하는 것이 아니라 개인별 취향에 따른 맞춤 상품을 추천해 주는 거예요. 데이터베이스를 바탕으로 고객의 취미나 독서 경향 등을 사전에 알고 그와 유사한 상품을 홈페이지나 휴대 전화, 이메일을 통해 알려 주는 것이지요.

이처럼 빅데이터를 제대로 분석하면 사람들의 개별 성격, 취향, 취미 등을 고려하여 그들에게 맞춤형 서비스를 제공할 수 있게 돼요. 만약 여러분이 게임을 하는데 게임 속 캐릭터가 어느 누구도 아

넌 오직 자신만을 위해 만들어졌다면 어떨까요? 무척 갖고 싶을 거예요. 어른들도 마찬가지예요. 자신의 취향과 습관, 패턴을 반영해 더욱 편리한 서비스가 제공된다면 기꺼이 돈을 주고 그 서비스를 구입하고 싶을 거예요. 빅데이터는 이런 맞춤형 서비스를 위해서도 매우 중요해 졌답니다.

> **빅데이터와 사물 인터넷의 결합**

2002년이 어떤 해인지 알고 있나요? 여러분들은 태어나기 전이거나 태어났어도 아주 어렸을 때라 기억나지는 않겠지만 텔레비전에서 많이 보아 알고 있을 거예요. 맞아요. 바로 우리나라에서 월드컵이 열렸던 해이죠. 그리고 이 월드컵에서 우리나라는 4위를 했고요. 정말 대단했었답니다.

그런데 2002년은 빅데이터와 관련해서도 중요한 해였어요. 바로 아날로그 데이터와 디지털 데이터 용량이 같아졌던 해이니까요. 물론 지금은 디지털 데이터가 훨씬 더 많아요. 앞에서 설명했지만 이것은 우리가 매일 만들어 내는 디지털 데이터가 상상하기 어려울 정도로 많다는 것을 의미해요.

2002년이 중요한 해인 또 다른 이유가 있어요. 과거에 디지털로 전환할 수 없었던 데이터들을 쉽게 디지털 데이터로 바뀔 수 있게 되었다는 거예요. 예를 들어 볼까요? 만보기라는 기계가 있어요. 걸을 때마다 흔들리는 진동을 감지해 걸음 횟수를 계산하는 도구예요. 과거에 이 데이터는 아날로그였어요. 그런데 최근 이 만보기와 같은 기능이 스마트폰 앱 기능 안에 들어가 있어요. 하루에 걸었던 걸음 수와 속도가 매일매일 기록되고 이 수치들의 흐름을 통계로 한눈에 확인할 수 있는데 이때 저장되는 기록들은 디지털 데이터예요. 요즘

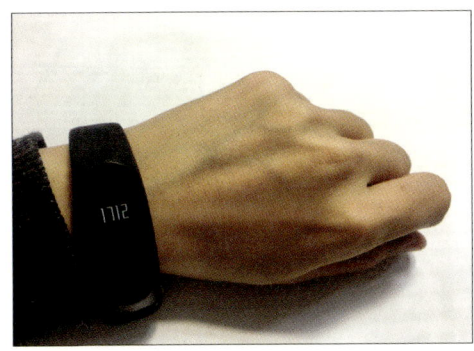

↪ 손목시계 형태의 웨어러블 제품과 연동되는 스마트폰의 건강 기능 체크 앱.

에는 스마트폰 앱 형식의 만보기뿐만 아니라 가볍게 착용하는 손목시계 형태의 만보기도 나와요. 이 시계 안에 소형 컴퓨터 센서가 있고, 이 센서가 인터넷에 연결되어 있어서 매일매일 쌓이는 데이터를 한곳에 저장해요. 걸음 수뿐만 아니라 심박수, 체중, 수면 데이터까지 알 수 있어서 건강 상태를 자주 체크하는 용도로 많이 사용돼요.

 이처럼 사물에 센서를 부착해 실시간으로 데이터를 모으고, 쌓인 데이터를 인터넷 네트워크에 연결하는 기술을 '사물 인터넷', 영

어로는 IoT Internet of Things라고 해요. 만보기의 기능을 스마트폰, 인터넷과 연결하는 것처럼 기계와 기계간의 소통을 가능하게 해 주기 때문에 최근 이런 사물 인터넷이 더욱 주목받고 있어요.

사물 인터넷 시대가 본격화하면 우선 데이터 양이 이전과는 비교도 할 수 없을 정도로 급격하게 증가할 거예요. 사람과 사람 사이에 주고받는 데이터뿐만 아니라 사람과 기계, 기계와 기계끼리 의사소통하면서 데이터가 추가로 만들어지기 때문이에요.

여러분들이 인터넷에 올린 게시물이나 주고받은 메시지 외에, 집에 있는 냉장고의 문을 여닫은 횟수, 냉장고 안에 든 음식 종류, 유통 기한, 남은 음식들로 만들 수 있는 요리 정보, 각 음식들의 온도 등에 대해 쉬지 않고 데이터가 만들어져 저장된다고 생각해 보세요. 텔레비전, 식탁, 책상, 침대 등등 모든 사물에 인터넷 통신 기능이 내장되어 지속적으로 데이터가 만들어진다면 그 양이 어느 정도일까요? 여러분이 생각하는 단위인 몇 백 기가, 몇 백 테라 수준이 아니라 페타, 엑사, 젝타 등 더 큰 단위를 써야 할 거예요. 이렇게 만들어진 데이터는 앞으로 우리의 일상을 크게 바꾸게 될 거예요. 예를 들어 앞으로는 간단한 병원 진료를 볼 때 의사 선생님을

직접 만나지 않아도 돼요. 병원의 의사 선생님은 너무 바쁘시기 때문에 찾아오는 환자를 평소에 매일 관찰할 수 없어요. 그래서 몇 가지 검사와 간단한 질문으로 병원에 온 환자 상태를 파악하는데, 이것만으로는 병의 근본 원인이 될 수 있는 생활 습관 등은 알 수 없어요.

최근에는 환자가 병원에 직접 방문하지 않아도 스마트폰과 같은 기기들로 개인의 활동 및 생체 정보를 측정하고 이를 분석해서 건강 상태를 알 수 있는 서비스가 점점 많아지고 있어요. 먼저 스마트폰에 내장된 기능이나 별도의 측정 기기들을 통해 걸음 수, 칼로리 소모량, 운동량, 심박 수 등을 체크해 데이터화해요. 정확히는 사용자의 심박 수를 측정해 칼로리 소모량을 예측하고, 위치 측정 시스템 GPS를 이용해 사용자의 이동 경로를 파악한 뒤 운동 거리를 계산해 내는 거예요. 이 데이터를 모아서 분석해 보면 의사들은 겉으로 드러난 증상 외에 환자의 평소 생활 습관까지 파악할 수 있게 되어 병의 진단을 더욱 정교하게 할 수 있고 더 좋은 처방도 할 수 있답니다.

머니볼과 미국 메이저 리그

2011년 우리나라에서 개봉했던 영화 가운데 《머니볼》이라는 작품이 있어요. 미국 메이저 리그에서 있었던 실화를 바탕으로 했고, 주인공의 새로운 도전 스토리가 감동을 선사한 영화지요. 그런데 이 영화에서는 빅데이터와 관련하여 흥미로운 지점들이 있어요. 영화 줄거리를 간단히 소개하면 이래요.

메이저 리그에서 수년 간 최하위를 도맡아 했던 '오클랜드 애슬레틱스'라는 구단이 있었어요. 매번 꼴찌만 하다 보니 그나마 좋은 선수들도 이곳에 남아 있기를 싫어했고, 오합지졸 선수들만 남게 되었어요.

이때 구단의 단장이었던 빌리는 '피터'라는 경제학 전공의 데이터 분석가를 영입하여 오로지 통계와 데이터를 중심으로 경기에서 선수를 선발하고 구단을 운영하기 시작했어요. 이런 방식은 기존 메이저 리그 구단들이 한 번도 사용해 보지 않은 전략이었지요. 이처럼 데이터 수치를 통해 선수의 능력을 분석해서 필요한 선수를 영입하는 것을 '머니볼 이론'이라고 해요.

결과는 어땠을까요? 주변 사람들은 이러한 선수 선발 방식을 비웃었어요. 하지만 얼마 뒤 오클랜드는 메이저 리그 사상 최초로 20연승을 기록한 구단이 되었답니다. 오합지졸만 모아 놓은 팀이라는 비난을 받았던 오클랜드 구단은 2002년 당시 시즌 103승으로 리그 역사를 새로 썼다고 해요. 이후 다른 구단들도 모두 이 머니볼 이론 방식을 도입하기 시작했지요.

지금과 같은 빅데이터 분석 방식과 조금 차이가 있긴 하지만 머니볼 이론은 데이터를 모으고 이를 분석한 뒤 결과를 예측하고 판단했는데, 비정형화된 데이터를 활용했다는 점에서 요즘의 빅데이터 개념과 비슷하다고 할 수 있어요.

2. 학교를 창의적으로 바꾸다

나만을 위한 맞춤형 학습

여러분들은 공부가 재미있나요? 만약 공부가 별로 재미없다면 왜 그럴까요? 여러 가지 이유가 있겠지만 아마도 여러분의 관심사나 흥미와 상관없이 똑같은 학습 내용을 그저 반복해 암기하는 방식으로 공부를 해서 그런 것일지도 몰라요. 자신이 정말 궁금하고 재미있어 하는 것, 관심사를 잘 파악해서 그에 맞는 방법으로 학습한다면 공부가 훨씬 재미있어질 거예요.

그런데 빅데이터를 활용해서 학생들의 관심사가 무엇인지를 파악하고, 어떻게 하면 공부에 더 흥미를 가질 수 있는지 좀 더 정확히 알 수 있어요. 디지털 시대가 되면서 데이터가 폭발적으로 늘어나는 현상은 일상생활뿐만 아니라 학교 현장도 예외가 아니에요. 특히 학교에서는 스마트폰, 태블릿 피시 같은 모바일 기기를 활용한 스마트 수업 방식이 늘어나고 있어 예전보다 더 많은 데이터들이 실시간으로 만들어지고 있어요. 실제로 학교 또는 가정에서 스마트 수업이 가능하게 된 것은 개인적으로 활용할 수 있는 모바일 기기가 널리 보급되고 인터넷 네트워크를 통해 언제 어디서든 자료를 저장하고 내려받을 수 있는 클라우드 기술의 발전 덕분이에요.

이렇게 스마트 방식으로 수업이 이루어지면 수업 활동 내용들이 모두 모니터링 되고 디지털화 되어 저장돼요. 전국의 학교에서 수집된 빅데이터를 분석해 보면 어떤 방식으로 수업을 진행할 때 학생들이 흥미로워하고 관심도가 높아지는지, 어떤 부분을 가장 궁금해하는지 알 수 있어요. 빅데이터 분석을 통해 교육 환경, 교육 내용, 교육 방법 등을 개별 맞춤형으로 만들어 낼 수 있는 거예요.

교육 현장에서 수집한 빅데이터를 분석할 때에는 앞에서 설명한 데이터 마이닝 기술이 활용돼요. 먼저 수집된 빅데이터에서 학생들이 선호하는 학습 방법이나 학습 내용과 관련한 내용들을 뽑아내요. 그런 다음 분석한 데이터의 패턴과 경향을 발견한 뒤에 새로운 학습 방식과 내용을 찾거나, 학생들이 선호하는 학습 이론을 검증

하고 적용하게 돼요. 데이터를 분류하고 각 요소들 간 관계를 찾는 방법이 기존 데이터 마이닝 기법에 따라 이루어지는 것이지요.

예를 들어 여러분들은 자신이 어떻게 해야 공부가 잘 되는지 각자 나름의 방법을 가지고 있을 거예요. 게임을 한 판 하고 공부해야 집중이 잘 되는 친구가 있는 반면, 아침에 바로 일어나서 책을 읽어야 기억이 잘 되는 친구도 있을 거예요. 이것을 컴퓨터가 개별적으로 분석하여 여러분들에게 공부 방법을 안내해 줄 수 있는 것이지요. 앞으로 데이터가 좀 더 많이 쌓이고 이것을 분석하는 컴퓨터가 더 똑똑해지면 조만간 더 널리 활용될 기술이에요.

스마트 수업에서 '스마트Smart'는 이동이 가능하고, 똑똑하다는 두 가지 의미를 가지고 있어요. 스마트폰을 생각해 보면 돼요. 스마트폰은 말하자면 인터넷도 가능한 컴퓨터 휴대 전화인데, 휴대 전화니까 쉽게 가지고 다닐 수 있고 언제 어디서든 통화를 할 수 있잖아요. 수업도 마찬가지예요. 학교에서 선생님들이 여러분들에 대해 올리는 평가 데이터, 또는 여러분들이 학교 게시판이나 다른 인터넷 게시판에 올리는 수많은 글들을 분석하면 어떤 수업 방식이 가장 좋을지 찾을 수 있고, 이런 빅데이터 분석을 통해 학생들을 위한 맞춤형 교육 방식을 새롭게 개발할 수 있겠지요.

앞으로 빅데이터를 활용한 교육은 학교의 수업 방식을 더욱 혁신적으로 바꿀 거예요. 빅데이터를 잘 활용하면 가장 효과적인 수업 방식을 찾아낼 수 있고, 이것이 인공 지능 컴퓨터와 결합하면 여러분들이 원하는 방식, 가장 효과적인 방식으로 수업하고 공부하는 일이 가능하게 될 거예요. 어때요, 기대가 되나요? 그런 시대가 지금도 여러분들 곁에 다가오고 있답니다.

창의력을 기르는 학교 수업

매년 연말이면 뉴스나 신문에 대학 입학 수능 시험 만점자에 대한 인터뷰가 많이 실려요. 물론 여러분들은 아직 수능에 대해 특별한 생각을 가지고 있지는 않겠지만 곧 그때가 오게 될 거예요.

수능 시험의 문제 유형은 대개 다음과 같아요. '다음 중 ( )에 대한 설명으로 적절한 것은?' 아니면 '다음 중 ( )에 대한 설명으로 적절하지 않은 것은?' 이런 물음을 주고 다섯 가지 보기 중에서 정답에 해당하는 번호를 찾는 형식이지요. 수능 시험은 1994년에 처음 시작되었는데 지금까지도 보기 중에서 정답을 고르는 형식은 바뀌지 않았어요. 이런 방식은 자신의 생각을 쓰는 것이 아니라 다른 사람들, 정확히는 문제를 출제한 사람이 생각해 놓은 답을 찾아내는 거예요. 그래서 수능에서 좋은 점수를 받으려면 교과서를 거의 외우다시피 하고, 각 과목별로 문제집을 반복해 풀어 보면서 문제 유형에 익숙해지면 돼요.

그렇다면 수능 시험에 익숙해진 사람들이 다른 방식의 시험을 보게 되면 어떨까요? 실제로 몇 년 전, 한 신문사에서 수능 고득점자에게 스위스의 비영리 교육 재단에서 주관하는 한국어 시험 문제를 풀게 했어요. 이 시험은 수능 문제 풀이 방식과는 전혀 달랐어요. 소설, 시, 희곡, 수필 등에서 발췌한 열다섯 문제 가운데 하나를 골라 두 시간 동안 푸는 것이었는데, 예를 들어 '정형시와 자유시 작품 중 하나씩을 골라 시인들이 시 형식을 어떻게 사용하고 그 효과는 무엇인지 비교하고 분석하라'는 식이에요.

우리나라 수능 시험은 정해진 보기에서 정답 하나를 찾아내는 '선다형 문제' 방식인 것에 반해, 스위스의 한국어 시험은 정해진 답이 없어요. 즉, 자신이 생각하는 정답을 논리적인 근거로 얼마나 잘 설명할 수 있는지를 평가하는 방식이에요. 바로 '창의성'과 더 관계가 있는 시험이라고 할 수 있지요.

빅데이터 시대에서는 이렇게 보기 몇 개에서 정답 하나만을 고르는 선다형 시험이 점점 더 의미가 없어지게 될 수 있어요. 왜 그럴까요? 빅데이터 시대에는 정답 하나를 잘 고르는 사람이 아니라 창의력을 발휘해 다양한 접근법으로 문제를 해결하는 인재가 필요한 시대가 될 테니까요. 지식을 많이 외우고 정답을 알아맞히는 것은 인터넷 검색을 통해 바로 할 수 있고, 인공 지능 컴퓨터로 훨씬 더 빨리 문제를 풀 수 있어요. 어떤 학자는 "초등학교부터 고등학교까지 12년간 선다형 평가에 길들여질 경우 머리에 남는 지식은 인공 지능에 의해 대체 가능하다."고 말하기도 했어요.

세계 경제 포럼WEF은 전 세계의 저명한 기업인, 경제학자, 정치인들이 모여서 며칠 동안 세계 경제에 대해 토론하는 회의예요. 1981년부터 스위스의 휴양 도시인 다보스에서 주로 열렸기 때문에 다보스 포럼이라고도 하지요. 2016년에 열린 다보스 포럼의 주제는 '4차 산업 혁명'이었어요. 이 토론에서 많은 전문가들이 향후 20년 안에 몸을 힘들게 움직여야 하는 육체노동이나, 특별한 기술 없이도

간단히 할 수 있는 단순노동 일자리가 대폭 줄어들 것이라고 예측했어요. 그러면서 다른 사람들과의 협동 능력, 독창적인 생각을 해내는 창의적인 능력, 그리고 복잡하게 얽힌 문제를 해결하는 문제 해결 능력 등이 더욱 중요해진다고 했답니다. 그래서 단순히 다섯 가지 보기 중에 정답을 찍는 형태의 시험으로는 4차 산업 혁명 시대에 필요한 이러한 능력을 기르기 어렵다는 것이 전문가들의 공통된 생각이에요.

그러니 여러분들도 단순히 교과서를 열심히 외우는 것에 그치지 말고 자신의 생각을 분명하게 논리적으로 잘 설명하는 연습, 다양한 방식으로 스스로 문제를 해결하는 연습, 다른 사람과 잘 협동해서 함께 문제를 해결해 나가는 연습을 해 보면 좋을 거예요.

과거 자동차가 없었던 시절에는 빨리 달리거나 말을 잘 타는 사람이 유능한 인재였어요. 하지만 요즘은 일정한 자격시험을 거치면 누구나 자동차를 운전할 수 있는 시대가 되었기 때문에 모두가 달리기 실력이 뛰어나지 않아도 돼요. 다가오는 빅데이터 시대에는 현재 인간의 능력 대부분을 컴퓨터가 대체하게 될 거예요. 따라서 컴퓨터가 할 수 없는, 인간만이 할 수 있는 분야의 능력을 기르는 것이 훨씬 더 중요한 일이 되는 것이랍니다.

거꾸로 교실의 교과서 혁명

빅데이터 시대에는 학교 수업 방식이나 내용만이 아니라 학교라는 공간 자체가 혁신적으로 바뀔 거예요. 요즘 학교 혁신의 방법 가운데 하나로 선생님들 사이에서 많이 언급되는 '거꾸로 교실'이라는 말이 있어요. 거꾸로 교실이란, 이제까지 학교와 가정에서 각각 해 왔던 수업 방식이나 공부 방식이 뒤바뀌는 것을 의미해요.

여러분들은 지금까지 학교와 집에서 어떻게 공부를 했나요? 대부분 낮에 학교에 가서 선생님의 수업을 듣고, 학교 수업이 끝나면 선생님이 내주신 과제를 집에 와서 하는 방식이었을 거예요. 그런데 거꾸로 교실에서는 이 방식이 바뀌어요. 즉, 집에서 해야 했던 과제를 학교에서 하고 학교에서 하던 수업을 집에서 하는 거예요.

어떻게 이런 방식이 가능할까요? 여러분들도 동영상 강의를 본 적이 있지요? 이것처럼 선생님들이 교과서에 있는 기본 내용들을 동영상으로 제작하고, 학생들은 그 영상을 보면서 수업 전에 미리 공부를 하고 오는 거예요. 그런 다음 학교에 가서는 동영상으로 학습한 내용 중 잘 이해가 안 가는 부분을 선생님한테 질문하고, 친구들과 주요 내용에 대해 토론하거나 팀을 짜서 활동하는 일들을 하게 돼요. 학교가 선생님이 강의를 하고 학생들은 듣기만 하는 곳이 아니라, 학생들 중심으로 활동하는 곳으로 바뀌게 되는 것이지요.

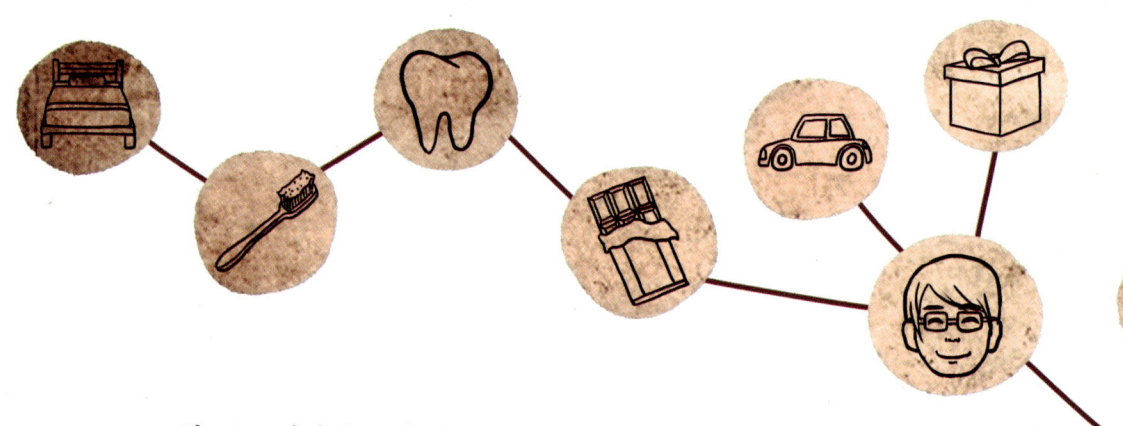

　학교는 여러분들이 만들어 낸 광범위한 데이터를 분석해서 선생님들에게 제공해요. 그러면 학생들이 학교나 집에서 어떻게 학습하는 것이 가장 효과적일지를 생각하여 공부 내용을 재구성하게 되지요. 그래서 거꾸로 교실은 여러분들 수준에 맞추어 맞춤형 수업을 가능하게 하는 방법으로 지금 주목을 받고 있다고 해요.

　실제 전문가들의 연구 결과에 따르면 선생님의 강의를 일방적으로 듣는 방식만으로는 학습 효과가 높지 않다고 해요. 주입식으로 수업을 듣기만 했을 때는 내용의 5퍼센트만 기억에 남지만, 서로 토의하고 실제 연습해 보는 방식으로 수업을 진행하면 내용의 50퍼센트 이상, 75퍼센트까지 기억에 남는다고 해요. 그래도 교과서에 있는 내용이나 새로운 지식을 모두 혼자 습득하기는 어렵기 때문에 기본적인 내용들은 전날 선생님의 동영상 강의로 공부하고, 다음 날 선생님이나 친구들과 함께 학습한 내용에 대해 토의하거나 실습을 하면서 복습하면 학습 효과가 훨씬 더 높아지는 것이지요.

　우리나라에서는 2018년부터 디지털 교과서를 부분 도입해 시범적

으로 보급하고 있어요. 디지털 교과서는 단순히 기존 책자 형태의 교과서를 E-book 수준으로 바꾼 것이 아니라 학생들의 학습을 지원할 수 있는 학습 관리 시스템이 포함되어 있어요. 디지털 교과서로 학습을 하게 되면 학생들이 공부하는 과정이 모두 개인별 데이터로 기록되어 저장돼요. 예를 들어 문제를 풀 때 잘 몰라서 힌트를 봤던 시간, 힌트를 눌렀던 횟수 등이 기록으로 남고, 그 데이터를 분석해서 학생들이 자신에게 맞는 방식으로 공부를 잘 할 수 있도

태블릿 피시로 참여하는 음악 수업
어린이들이 교실에서 음악 수업을 하며 태블릿 피시로 가야금을 연주하고 있어요.

록 학습을 관리하는 서비스가 제공되는 거예요.

학교 수업 방식을 이런 식으로 바꾸는 까닭은 4차 산업 혁명 시대에 사람들에게 요구되는 능력이 예전과는 크게 달라지기 때문이에요. 앞에서도 얘기했던 것처럼 빅데이터 시대에는 인공 지능 컴퓨터가 인간을 대신해 더 많은 일을 해 줄 거예요. 지식이나 정보를 저장하는 능력에서는 컴퓨터가 인간을 이미 넘어섰기 때문에 기계가 인간을 대신할 수 없는 영역, 즉 주어진 문제를 얼마나 창의적으로 풀어낼 수 있는지, 사람들과 잘 협력하며 지낼 수 있는지와 같은 능력이 더 중요해져요. 이런 것들은 아무리 뛰어난 인공 지능이라도 인간만큼 잘 할 수 있는 부분이 아니니까요.

거꾸로 교실과 같은 방식의 수업이 가능하게 된 것은 교육과 첨단 기술의 접목 덕분이지만 그 과정에서 빅데이터가 큰 역할을 했어요. 학교에서 빅데이터 분석을 통해 여러분들에게 맞춤형 교육 방식을 제공하고, 디지털 교과서로 더욱 재미있게 공부한다면 여러분의 학교생활도 더욱 재미있고 새로운 모습으로 바뀌게 될 거예요.

사고하는 컴퓨터 Deep Learning

인간이 생각하고 판단하는 방식대로 생각하도록 컴퓨터를 프로그래밍하는 것을 기계 학습Machine Learning이라고 해요. 딥 러닝 Deep Learning도 이 기계 학습의 한 종류인데, 간단히 말하자면 사람의 뇌가 작동하는 방식으로 컴퓨터가 작업을 하도록 인간 뇌신경 세포를 모방한 인공 신경망을 만든 거예요. 구체적으로 예를 들어 볼게요.

컴퓨터는 개와 고양이 사진을 어떻게 구별할까요? 과거에는 컴퓨터에 개의 특성과 고양이의 특성을 세세하게 입력한 다음, 특성에 맞는 사진이 나올 경우 '이것은 개다', '이것은 고양이다' 하고 컴퓨터가 맞히는 방식이었어요. 하지만 정확도가 많이 떨어졌어요. 왜냐하면 이 세상의 개와 고양이는 아주 다양한 모습을 하고 있거든요. 그래서 전문가들은 새로운 방식을 생각해 냈어요. 개와 고양이 사진 수십만 장을 컴퓨터에 입력하고, 개와 고양이 모습의 특성을 컴퓨터가 스스로 정리하도록 한 거예요.

　이것은 인간이 학습을 하는 방식과 유사해요. 인간의 뇌와 컴퓨터의 가장 큰 차이는 바로 '스스로 학습이 가능한가' 여부예요. 컴퓨터 프로그램은 기본적으로 사람이 설정한 명령을 수행하도록 되어 있는데, 이런 명령 수행 방식을 알고리즘이라고 해요. 덧셈, 뺄셈, 나눗셈과 같은 계산 규칙처럼 어떤 문제를 해결해서 결과를 이끌어 내기 위해 여러 가지 규칙 프로그램을 만들어 주는 거예요. 컴퓨터는 이런 알고리즘을 이용해 일정한 방식으로 정답을 계산해 내는데, 알고리즘에서 벗어나거나 프로그램이 이해하지 못하는 문제는 해결할 수가 없어요. 하지만 딥 러닝을 하는 인공 지능 컴퓨터는 사람처럼 데이터를 스스로 분석해서 판단하고 명령을 내려요. 이러한 딥 러닝 방식을 이용해서 1982년부터 2015년까지의 데이터를 분석해서 프로야구 경기 결과를 예측해 보았더니 실제 결과와 3퍼센트 정도 밖에 차이가 나지 않았다고 해요.

　딥 러닝을 통해 설계된 인공 지능은 빅데이터가 늘어나고 학습이 반복될수록 더욱 똑똑해져요. 딥 러닝 학습법으로 분석한 데이터가 많아질수록 인간의 지능이 인공 지능을 뛰어넘을 확률은 낮아지는 것이지요.

3. 미래를 예측하고 대비하다

상품과 서비스를 파는 빅데이터

어른들은 어떤 회사에서 일하며 돈을 벌고 있을까요? 크고 작은 제품을 만들고 파는 기업, 그런 기업에 돈을 빌려주는 은행, 기업들이 만든 물건을 파는 가게를 운영하거나 서비스를 제공하는 직장에 다니며 돈을 벌 거예요. 그런데 과거에는 좋은 물건을 만들어 놓으면 그냥 팔렸지만, 요즘은 단순히 좋은 물건을 만들어 파는 것으로 기업을 유지하기가 힘들어졌어요. 왜냐하면 지금은 비슷한 물건들이 쏟아져 나오고 고객들의 요구도 너무 다양해졌기 때문이에요. 그래서 기업은 빅데이터를 통해 소비자의 기호를 분석하고 그에 맞는 제품이나 서비스를 생산해 제공하는 것이 중요해졌어요. 기업이 빅데이터를 어떻게 활용하는지 예를 들어 볼게요.

 여러분들도 치킨을 좋아하지요? 치킨은 우리나라 사람들이 아주 즐겨 먹는 먹거리 가운데 하나예요. 우리나라에서 가장 큰 닭고기 회사는 연간 2억 마리의 닭을 키워 낸다고 해요. 닭고기를 사육하는 곳에서 가장 중요한 문제는 바로 닭들의 무게를 일정하게 유지하는 일이었어요. 왜냐하면 닭고기를 필요로 하는 곳마다 요구하는 고기 무게의 조건이 다 달랐기 때문이에요. 그렇다고 수시로 닭장에 들어가 무게를 잴 수도 없었어요. 닭들은 사람이 들어오면 스트레

스를 많이 받아서 폐사할 확률도 높아지기 때문이에요.

문제를 해결하기 위해 이 기업은 사물 인터넷 기술을 이용했어요. 먼저 닭의 움직임을 추적하는 CCTV, 닭이 뛰어다닐 때마다 무게를 재는 센서 등의 장비를 설치했어요. 이 장비들에는 저장된 데이터를 실시간으로 중앙 컴퓨터에 전송하는 통신 칩이 부착되어 있었지요. 사육하는 닭이 2억 마리나 되니 데이터 분량도 대단했겠지요? 이렇게 쌓인 빅데이터를 분석해서 언제, 몇 킬로그램의 닭을 몇 마리나 팔 수 있는지를 거의 정확히 예측할 수 있게 되었어요. 바로 '스마트 닭 농장'이 만들어진 거예요.

빅데이터를 활용해서 더 좋은 서비스를 만든 예를 하나 더 들어볼게요. 요즘 인터넷이나 스마트폰에는 외국어를 번역해 주는 프로그램이 많아요. 이 중에서도 구글 번역은 데이터 규모가 중요하다는 것을 확인시켜 준 번역 시스템이에요. 구글은 수천만 권의 도서, 유엔과 유럽 의회, 웹 사이트의 자료를 활용해 64개 언어 간 자동 번역 시스템 개발에 성공했어요. 사실 다른 컴퓨터 회사도 이전에 영어와 프랑스어 자동 번역 시스템 개발을 시도했지만 실패했어요. 이는 기술력보다는 사용한 데이터 규모 차이 때문이에요. 구글이 수집한 엄청난 데이터는 수많은 사람들의 실제 번역 사례를 참조했기 때문에 번역 결과가 비교적 정확했고 활용 가치가 높았어요.

직접적으로 빅데이터를 접목한 제품을 만드는 회사도 있어요. 빅데이터 분석을 자동차에 접목한 인공 지능 무인 자동차가 있는데, 자율 주행 자동차라고도 해요. 요즘 많은 자동차 회사들이 이런 인공 지능을 활용한 자동차를 선보이고 있어요. 자율 주행 자동차는 사람이 차를 운전하는 것이 아니라 차가 도로 상황을 파악해 스스로 운전해요. 인공 지능 프로그램이 설치된 무인 자동차는 실시간

우버의 자율 주행 자동차

세계 최대의 차량 호출 업체인 우버가 미국 샌프란시스코의 도로에서 자율 주행차를 시험 운행하고 있어요.

으로 들어오는 막대한 양의 데이터들을 짧은 시간 안에 분석해 예측하기 어려운 도로 상황까지 즉각적으로 판단하고, 목적지까지 안전하게 가는 방법을 찾아 운전을 해요. 예를 들어 앞서 달리는 자동차가 속도를 줄여 서로 간격이 좁아지면 스스로 속도를 줄이고, 목적지까지 가는 데 길이 막히면 다른 도로를 찾아 운전해요.

빅데이터는 약을 만들 때도 활용되고 있어요. 어느 제약 회사가 얼마 전 '멍 치료제'를 개발해 큰 성공을 거두었어요. 멍 치료제는 어떤 사람들이 많이 쓸까요? 아마도 잘 뛰어놀고 많이 넘어지는 아이들이나, 격한 신체 활동을 하는 운동선수들이 많이 사용한다고 생각할 거예요. 그래서 대부분의 멍 치료제는 운동선수들이나 아이들에게 초점을 맞추지요. 하지만 이 제약 회사는 다른 시각으로 접근했어요. 성인 여성들을 대상으로 얼굴이나 몸에 난 멍을 치료하는 미용 효과가 있다고 광고를 한 거예요.

그런 결정을 한 이유는 빅데이터 분석 결과 때문이에요. 이 제약 회사가 블로그와 SNS에서 수집한 26억 건의 빅데이터를 분석해 보니 흔히 사람들이 생각했던 '멍'과 '아이'의 연관 키워드 조합보다 '멍'과 '여성'의 연관 키워드 조합이 여섯 배나 더 많았어요. 멍 치료에 대한 관심은 여성들이 훨씬 컸던 거예요. 빅데이터 분석으로 소비자의 기호에 발 빠르게 대응한 이 제약 회사는 더 넓은 소비층을 확보해 치료제를 많이 판매할 수 있었지요.

선거 예측과 테러 방지

여러분들은 현재 미국 대통령이 누구인지 알고 있나요? 바로 도널드 트럼프예요. 미국의 대통령 선거가 있었던 2016년 말, 전 세계의 많은 언론들과 국제 정치 전문가들은 경쟁자였던 힐러리 클린턴이 대통령이 될 거라고 예상했어요. 왜냐하면 모든 여론 조사의 예측 결과가 힐러리를 대통령으로 지목하고 있었기 때문이에요. 하지만 결국 대통령에 당선된 사람은 여러분도 알고 있듯이 트럼프였지요. 이 결과에 전 세계가 깜짝 놀랐고 아마 당사자인 트럼프도 놀랐을 거예요.

그런데 모든 여론이 힐러리를 대통령으로 지목하고 있을 때 트럼프 당선을 예측했던 곳이 있었어요. 바로 인도의 한 벤처 회사였는데, 이곳에서 개발한 인공 지능 컴퓨터 모그가 트럼프 당선을 예측했어요. 모그는 구글, 페이스북, 트위터, 유튜브 등 사람들이 많이 사용하는 SNS에서 수집한 데이터 2,000만 건을 분석해서 트럼프의 승리를 예측했어요. 그 비결은 빅데이터에 있었어요. 대선과 관련하여 사람들이 많이 찾아보는 검색어 추이와 후보자들에 대한 관심도를 분석해서 결과를 예측하기 때문에 정확도가 매우 높았지요.

대통령 당선자 예측을 위해서 여론 조사나 투표소에서 출구 조사를 하는 것보다 빅데이터를 분석해 결과를 예측하는 것이 더 정확할 수 있어요. 일반적으로 여론 조사를 위해서는 각 연령대, 지역, 성별 등을 고려해서 약 1,000~2,000명의 표본을 추출하고 이들에게 직접 의견을 묻거나 설문 조사를 해요. 하지만 응답을 하지 않는 사람들도 있고, 이 표본이 전체 인구를 정확하게 대표하지 않는 경우도 있기 때문에 오차가 발생해요. 그러다 보니 후보자들 간에 표 차이가 적을 때는 예측 결과가 틀리기도 하지요. 반면 빅데이터 분석으

로 예측하면 정확도가 좀 더 높아요. 일정 기간 동안 SNS에서 오가는 수백, 수천만 건의 게시물을 분석해서 예측하기 때문이에요.

　실제로 빅데이터를 이용하여 성공적인 선거 전략을 만들어 낸 사례도 있답니다. 2012년 미국 대통령 당선자는 버락 오바마였어요. 오바마는 2008년에 대통령으로 당선되었고, 2012년에는 두 번째 당선이었어요. 선거 운동을 하려면 정치 헌금을 많이 모아야 했는데, 당시 오바마 진영의 빅데이터 분석팀은 다양한 데이터들을 취합해 투표권이 있는 미국 국민들을 분석했어요. 분석 결과, 정치 헌금을 많이 모을 수 있는 핵심 집단은 40대 여성들이었고, 이들이 가장 호감을 가진 사람은 조지 클루니라는 미국 배우였대요. 오바마 후보 진영은 이 배우를 활용해서 정치 헌금을 모금하는 데 성공했어요.

빅데이터는 이처럼 한 나라의 대통령을 만들어 낼 수도 있지만, 위험한 테러도 막을 수 있어요. 현대의 테러 조직들은 과거처럼 어두침침한 지하실에서 모임을 갖는 것이 아니라 인터넷 공간에서 자신들의 활동을 공유하고 이메일 등으로 교신해요. 요즘 언론에 많이 나오는 아이에스IS라는 테러 조직도 테러 요원 모집을 인터넷으로 하고 있잖아요. 그렇다고 인터넷에서 이런 테러 조직들을 찾아 체포하기란 쉬운 일이 아니에요. 왜냐하면 이들은 비밀 암호를 사용하거나 스팸 메일을 교묘하게 이용해 추적을 따돌리기 때문이지요.

인터넷 공간에서 다양한 네트워크 형태로 자리 잡은 테러 조직의 활동을 미리 알아내려면 테러와 관련한 많은 양의 데이터를 수집, 분석할 필요가 있어요. 물론 쉬운 일은 아니에요. 앞에서 언급했듯이 인터넷에서 만들어지는 데이터는 그 증가 속도가 아주 빠르고 양도 어마어마하게 많기 때문이에요. 하지만 요즘은 빅데이터 분석 기법이 발전해서 방대한 데이터를 신속하고 정확하게 처리해 테러라는 위험 요소를 미리 방지하고 대응할 수 있게 되었답니다.

미국에서는 빅데이터를 이용해 세금을 안 내는 사람들도 적발해요. 우리나라도 그렇지만 세금을 내지 않는 탈세 범죄는 미국에서 특히나 아주 민감한 문제예요. 그래서 미국 국세청은 2011년부터 빅데이터를 활용한 탈세 범죄 방지 시스템을 개발했어요. 이 시스템은

납세자의 과거 행동 정보를 분석한 뒤 탈세와 유사한 행동들을 찾아내는 방식으로 되어 있어요. 미국 국세청은 이 시스템으로 연간 약 3,500억 달러의 세금 누락을 막았어요. 우리 돈으로 약 350조 원이나 되지요. 우리나라 연간 예산이 400조 원 정도이니 대단한 금액이지요? 빅데이터가 아니면 세금으로 걷지 못할 금액이었어요. 빅데이터가 국가 재정을 튼튼히 하는 데도 잘 활용된 것이지요.

미래를 바꾸는 빅데이터

한국 정보화 진흥원이 예측한 미래 사회의 특징은 불확실성, 위험성, 스마트, 융합으로 요약해 볼 수 있어요. 빅데이터를 활용하면 미래 사회의 특성인 불확실성이나 위험성을 최대한 줄일 수 있어요. 또한 다른 분야와 결합해 새로운 가치들을 만들 수 있기 때문에 스마트함과 융합의 가치를 중시하는 미래 사회에서 큰 경쟁력을 가질 수 있겠지요. 빅데이터와 인공 지능이 결합하고 가상 현실까지 등장하면서 여러분들이 성인이 될 때쯤이면 우리 사회는 더욱 몰라보게 바뀔지도 몰라요.

먼저, 인공 지능과 사물 인터넷이 결합한 전자 기기들이 지금보다 훨씬 똑똑해질 거예요. 예를 들어 아침에 일어나 목이 말라 냉장고에 가서 물을 찾으면 사용자의 생체 리듬에 맞도록 온도가 조절된 물이 냉장고에서 제공돼요. 평소 몸에 늘 지니고 다니는 스마트폰, 몸에 간편하게 착용할 수 있는 스마트 기기들인 웨어러블wearable 제품이 사용자의 생체 리듬을 지속적으로 관리하고 있어서 가능한 일이에요. 냉장고와 스마트폰, 웨어러블 기기 등이 인터넷 네트워크로 늘 연결되어 내 몸의 상태를 실시간으로 체크하고, 그 데이터에 근거해 내가 마실 물의 온도를 컴퓨터가 결정해 주는 것이지요.

웨어러블 기기나 스마트폰으로 실시간 생성된 건강 데이터는 내가 자주 다니는 병원의 진료 시스템에도 함께 저장돼요. 호흡이나 심장 박동 등에서 평소와 다른 증상이 발견되면 적절한 처방이 스마트폰 메시지로 전송되지요. 이 원격 진료 시스템에는 유전자 정보와 현재 상태도 저장되어 있어서 질병이 생길 가능성까지 예측해 준답니다.

빅데이터 분석은 몇 년 전 우리나라에 창궐했던 메르스나 해마다 나타나는 조류 독감AI과 같은 전염병을 줄이는 데도 크게 기여할 것으로 예상돼요. 왜냐하면 전염병이 크게 확산하기 전에 빅데이터 분석을 통해서 전염병을 사전에 예측하고 방비할 수 있기 때문이에요. 지금까지 이런 바이러스성 전염병은 이미 어느 정도 확산된 뒤에 조치가 이루어졌어요. 하지만 최근에는 병원 간 네트워크를 통해 실시간으로 저장되는 의약품 처방 내역 데이터를 분석해 보면 전염병이 발생한 지역을 빠른 시간 안에 알 수 있어요. 더 나아가 이 빅데이터를 조금 더 깊게 분석하면 패턴 예측이 가능해져서 언제 어떤 식으로 전염병이 유행하게 될 지도 미리 예상하고 대비할 수 있어요.

또 빅데이터 분석으로 자연 재해도 막을 수 있어요. 봄이면 건조한 날씨 탓에 산불이 자주 발생해요. 산불은 확산 속도가 빠르기 때문에 소방차가 서둘러 출동을 해도 이미 많은 동식물들이 피해를 입지요. 하지만 빅데이터를 활용해 몇 십 년 동안의 기록을 분석해서 화재가 빈번히 일어나는 지역과 날짜를 어느 정도 예상할 수 있어요. 그렇게 되면 산불 발생 시나리오를 짠 뒤에 위험도가 높은 지역을 중점적으로 감시하고 경보 시스템을 가동해 산불 진화를 효과적으로 할 수 있지요.

이처럼 빅데이터를 이용하면 미래를 비교적 정확히 예측할 수 있어요. 아직 일어나지도 않은 일을 미리 알 수 있다면 얼마나 신나겠어요? 만약 여러분이 친구에게 생일 선물을 하고 싶은데 선물을 받는 친구가 어떻게 반응할지 미리 알 수 있다면 친구가 가장 좋아할 수 있는 선물을 고를 수 있겠지요? 어떻게 알 수 있겠느냐고요? 지금까지 빅데이터를 활용한 다양한 사례를 많이 읽었으니 짐작할 수

있을 거예요. 친구의 최근 행동 패턴이나 취향을 빅데이터 분석으로 살펴보면 그 친구가 가장 좋아하고 또 필요로 하는 선물을 알 수 있지 않겠어요?

더 알아보기

구조화된 데이터와 비구조화된 데이터

　데이터를 구분하는 방식에는 여러 가지가 있는데, 데이터 형태 또는 모습을 기준으로 '구조화된 데이터'와 '비구조화된 데이터'로 나눌 수 있어요. 구조화되었다는 것은 어떤 정해진 형식에 따라 모은 데이터를 말하고, 비구조화되었다는 것은 정해진 형식 없이 저장된 데이터를 말해요. 전문가들에 의하면 데이터의 90퍼센트는 비구조화된 데이터라고 해요. 그러면 구체적으로 어떤 데이터가 구조화된 데이터이고 그렇지 않은 데이터일까요?

　구조화된 데이터는 정해진 항목별로 나누어 그에 맞는 내용이 저장돼요. 우체국 홈페이지나 포털 사이트에서 확인할 수 있는 지역별 우편 번호와 같은 데이터가 전형적인 구조화된 데이터예요. 이 데이터는 나라, 도시, 도로명, 우편 번호 등으로 각각 정해진 항목에 따라 컴퓨터에 저장되어 있지요. 이런 방식으로 데이터를 모으면 우리가 필요한 정보를 쉽게 찾을 수가 있어요. 우편 번호로 연결된 주소를 찾을 수도 있고, 건물 이름을 입력해서 우편 번호를 찾을 수도 있지요. 구조화된 데이터는 기본적으로 이렇게 미리 정해진 길이와 포맷이 있다고 생각하면 돼요. 이 외에도 인터넷 쇼핑몰의 회원 데이터, 이메일 주소록 등도 구조화된 데이터로 볼 수 있어요.

　반면 비구조화된 데이터들은 특정한 포맷이 없어요. 위성 사진 서비스를 무료로 제공하는 구글어스의 이미지들, CCTV의 동영상들, 콜센터에서 수집되는 통화 내용 데이터들은 모두 비구조화된 데이터들이에요. 여러분이 즐겨 사용하는 인스타그램의 사진들, 유튜브의 동영상들, SNS의 데이터들도 대부분 비구조화된 데이터라고 보면 돼요. 과거에는 정형화되지 않은 이 데이터들을 모으거나 서로 연결하여 분석하기 어려웠어요. 하지만 기술이 발전하고 비구조화되지 않은 다양한 데이터들의 분석이 가능해지면서 빅데이터 시대가 열린 것이라고도 할 수 있어요.

3장
빅데이터가 감시하는 세상

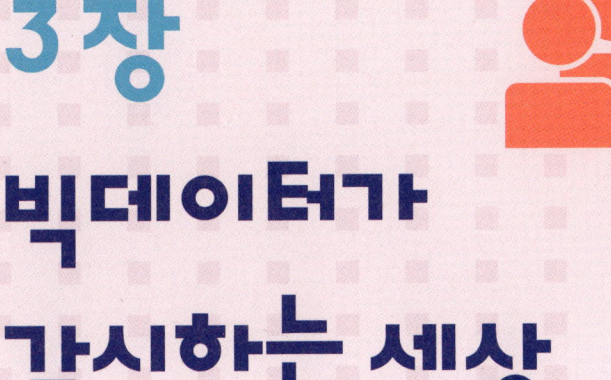

빅데이터는 빅브라더가 될 수도 있다

여러분은 '빅브라더'라는 말에 대해 들어 본 적 있나요? 빅브라더는 정보를 독점해서 사회를 통제하는 사람이나 세력을 말해요. 이 말은 영국의 소설가 조지 오웰이 1948년에 쓴 《1984》라는 소설에 등장했던 용어랍니다. 빅브라더를 쉽게 설명해 볼까요? 어느 날 선생님이 시험 문제 출제 범위를 반장한테만 알려 줬다고 쳐요. 성격이 못된 반장은 자기에게 빵이나 떡볶이를 사 주는 친구들한테만 이 시험 정보를 알려 줘요. 이렇게 되면 반 친구들은 반장에게 잘 보이려고 반장이 시키는 대로 하지 않겠어요? 이때 반장이 빅브라더가 되는 거예요. 빅브라더는 정보를 혼자만 알고 있으면서 그것을 무기로 사람들을 감시하고 권력을 휘둘러요. 정보를 다른 사람과 나누지 않고 독점하는 이유는 다른 사람이 그 정보를 알게 되면 권력이 약해지고 자신의 지위를 위협받을 수 있기 때문이에요. 이런 상황을 빅데이터와 관련지어 생각해 보세요. 요즘에는 빅데이터를 통해 고급 정보가 만들어지는데, 만약 누군가 이 정보를 독점하게 되면 무슨 일이 벌어질까요?

1. 빅데이터, 무엇이 위험한가?

거대 권력을 만드는 빅데이터

미래가 어떤 모습이 될 것인가를 연구하는 미래학자 앨빈 토플러는 "정보를 가진 자가 권력을 얻는다"는 말을 남겼어요. 토플러가 말했던 '정보는' 현 시대에 들어서는 빅데이터를 기반으로 만들어지고, 빅데이터는 또 다른 중요한 정보를 만들어 낼 수 있어요. 빅데이터는 현재 상황을 알 수 있게 해 줄 뿐만 아니라 앞으로 미래 사회는 구체적으로 어떻게 전개될지 예측해 볼 수 있게 해요.

예를 들어 여러분이 친구들과 가위 바위 보 게임을 한다고 생각해 보세요. 만약 상대가 무엇을 낼지 대략 예측할 수 있다면 게임에서 이길 확률이 높겠지요? 빅데이터는 이런 일을 어느 정도 가능하게 해 줘요.

수년 전 톰 크루즈라는 배우가 주인공으로 나왔던 《마이너리티 리포트》라는 영화가 있었어요. 대략 줄거리는 이래요. 2054년, 미국 워싱턴에서 '범죄 예방 시스템'이 개발돼요. 이 시스템은 첨단 분석 장비를 사용해 범죄가 일어날 것을 미리 예측해서 범인이 범죄를 저지르기 전에 미리 체포하는 시스템이었어요. 영화에서는 이 시스템에 비밀이 숨겨져 있고, 그 비밀을 악용한 권력자가 자신의 범죄를 숨기는 수단으로 악용해요. 그 때문에 누명을 뒤집어쓰게 된 주인공이 진실을 밝혀내고 결국 진범을 찾아낸다는 이야기예요.

이 영화에 나오는 범죄 예방 시스템은 예언자들이 보는 것을 데이터로 전환해 컴퓨터에 저장하고 이것을 분석해서 범죄 발생을 예측하는 방식인데, 바로 우리가 공부하는 빅데이터 분석 방법과 유사해요. 영화에서는 이 분석 시스템이 나쁜 사람들 손에 들어가서 통제받지 못하고 악용되어 잘못된 일에 쓰이게 된 상황을 그리고 있어요. 겉으로 드러나지 않은 권력자나 정보기관이 일반 국민들을 통제하고 있는 이런 설정은 영화나 드라마, 소설에서 자주 다루는 주제예요.

이제는 고전이 된 영화 《매트릭스》도 이 주제를 깊이 있게 다루고 있어요. 《매트릭스》는 인공 지능 컴퓨터가 인간을 지배하는 미래 사회를 그리면서, 현재 우리의 일상이 어떤 권력자 또는 조정자가 만들어 놓은 가상 현실일 수도 있다는 얘기를 하고 있어요. 물론 영화적인 상상력을 덧붙인 설정이지만, 정보가 사회에 미치는 영향력이 더욱 커지는 상황에서 한번 생각해 볼 문제예요.

지금 이 순간에도 사람들은 끊임없이 스마트폰을 사용하면서 메신저로 메시지를 주고받고, SNS에 사진이나 글을 올리며 디지털 세계에 수많은 흔적들을 남기고 있지요. 그렇게 수많은 사람들이 주고받은 정보가 대량으로 쌓여 빅데이터가 만들어지는데, 앞 장에서 많은 사례를 들어 이야기했듯 기업이나 정부는 이 빅데이터를 사용해 미래를 예측하고 위험에 대비하며 때로는 큰돈을 벌기도 하지요. 그런데 이 중요한 정보는 누가 어떻게 활용하느냐에 따라 큰 권력으로 작용할 수 있어요.

앞서 얘기한 것처럼 정보를 독점하면 권력이 생겨요. 그래서 빅데이터는 누군가 마음만 먹으면 거대한 권력 수단으로 이용할 수 있지요. 선한 마음으로 빅데이터를 이용한다고 하더라도 누군가 어느 순간 나쁜 마음을 먹고 빅데이터를 잘못된 방향으로 이용하게 될지 아무도 몰라요.

정보를 독점한 권력자는 자신의 권력에 위협이 될 수 있는 사람들을 감시해 권력을 유지하려고 할 거예요. 나는 권력과 무관한 사람이기 때문에 누가 나를 감시하겠냐고 생각할 수 있지만 그렇지 않아요. 일반인들도 얼마든지 감시 대상이 될 수 있어요.

지금도 거리에 나가 보면 수많은 CCTV들이 사람들을 지켜보고 있어요. 또 인터넷에 접속하거나 스마트폰을 사용하면 그 기록들이 모두 디지털 데이터로 남는데, 이미 많은 사람들의 일거수일투족이 정부든 기업이든 빅데이터를 보유하는 곳에 다 기록되고 있어요. 거의 매순간 대부분의 장소에서 개인에 대한 감시가 일어나고 있는 거예요.

여러분은 아직 주민 등록증이나 운전 면허증을 가지고 있지 않겠지만 어른들은 이런 신분증을 아주 많이 사용해요. 빅데이터 시대에는 신분증으로 본인 확인을 하는 것이 아니라 데이터로 생성된 자신의 행동 패턴으로 신분 확인이 가능하게 되는데, 이런 데이터를 '그림자 데이터shadow data'라고 해요. 게다가 최근 사물 인터넷이 널리 활용되면서 사람들의 사소한 일상까지 모두 자동으로 기록, 저장되고 있어요. 사람들이 남긴 이런 모든 디지털 흔적들을 통해 개인의 사생활들을 추적하고 감시하는 일이 기술적으로 가능하게 된 거예요.

사생활을 침해하는 빅데이터

여러분들이 어느 날 좋아하는 친구에게 놀이공원에 놀러 가자고 몰래 쪽지를 보냈는데, 이 사실을 안 다른 친구가 반 친구들에게 퍼뜨리면 기분이 어떨까요? 아니면 자신이 어제 저녁에 했던 일들을 아무에게도 말하지 않았는데 누군가 이 일을 빠짐없이 알고 나에게 얘기를 하면 어떨까요? 처음에는 깜짝 놀라고, 조금 지나면 기분이 나쁠 거예요. 내 개인적인 생활을 누군가 샅샅이 알고 있다고 생각하면 감시받는 기분이 들고 자유롭게 행동하거나 생각하기 어려울 거예요. 개인의 사생활은 인간의 존엄성과 직결되는 문제이기 때문에 우리나라에서는 사생활의 비밀과 자유의 가치를 헌법으로 보장하고 있어요.

그런데 정보화 사회에 접어들면서 사람들의 개인 정보가 광범위하게 사용되기 시작했고, 그만큼 사생활을 보장받아야 하는 기본권이 침해받을 위험도 증가했어요. 요즘은 인터넷 쇼핑몰에서 물건을 검색하거나 구입한 상품 목록만으로도 그 사람의 생활 패턴이나 취향, 소비 정도를 쉽게 알 수 있어요. 기업들은 그 정보를 다양한 마케팅 자료로 활용하지요. 실생활에서 자주 접하는 내비게이션이나 지도 앱은 기능을 사용하는 것만으로도 개인의 위치가 자기도 모르게 노출되고, 또 어느 게시글에 좋아요나 싫어요, 찬성이나 반대 의견을

표하는 것만으로도 그 정보가 고스란히 저장되어 이익 집단이나 기업의 마케팅 전략으로 활용되기도 해요.

실제로 세계 최고의 검색어 사이트를 운영하는 어느 기업은 사람들의 위치 정보를 고객 동의도 없이 기업 서버에 저장하다가 문제가 된 일도 있었지요.

요즘 대부분의 사람들은 스마트폰으로 일정을 관리하고, 많은 정보를 검색하고, 뉴스를 보고, 책을 읽고, 지도를 찾고, 이메일을 보내고, 업무를 하거나 공부를 하고, 여가 시간에는 영화를 보고 게임을 해요. 거의 모든 생활을 스마트폰과 컴퓨터를 사용하며 보내고 있지요. 컴퓨터와 스마트폰은 사람들의 삶을 아주 편리하게 만들어 주었지만, 대신 우리의 사생활 정보 대부분을 고스란히 기업이나 정부 기관에 제공하는 셈이 되었어요.

　기업이나 정부는 이렇게 수집한 빅데이터 정보를 활용해 사람들의 행동 패턴, 활동 내역 등을 분석해 사람들이 원하는 방식으로 맞춤형 서비스를 제공해요. 얼핏 생각하면, 내가 말하지도 않은 나의 기호나 성향을 누군가 알아서 파악하고 서비스를 제공해 주는 일이 아주 편리하고 좋을 수 있어요. 하지만 누군가 개인의 모든 생

활을 다 파악해서 저장하고 있다 생각해 보세요. 이렇게 개인에 대한 모든 정보가 수집될 수 있는 사회를 '네이키드 소사이어티naked society'라고 해요. 네이키드naked는 '발가벗겨진'이라는 뜻이에요. 마치 다 발가벗겨진 것처럼 개인의 모든 것을 알 수 있게 된 사회라는 의미에요. 이런 사회에서는 정보가 쉽게 수집될 수 있는 만큼 누군가 마음만 잘못 먹으면 그 정보를 손쉽게 악용하기도 매우 쉬워졌어요. 해킹이나 각종 범죄들로 정보가 타인에게 도용될 가능성이 커진 거예요.

빅데이터를 다루는 사람들의 윤리

빅데이터가 거대 권력의 수단이 될 수도 있고, 개인의 사생활을 침해할 수도 있기 때문에 빅데이터를 다룰 때에는 좀 더 엄격한 윤리 기준이 요구된답니다. 만약 여러분이 선생님한테 거짓말하고 몰래 PC방에 갔던 일, 친한 친구와 카톡으로 주고받았던 매우 개인적인 얘기들, 나 혼자 간직하고 싶어 클라우드에 올려놓았던 사진들이 누군가에게 이용되고 있다면 어떻게 될까요? 단순이 개인의 일상 자료일 뿐인데 무슨 의미가 있겠느냐고 생각할 수도 있겠지만, 이러한 자료를 조합하여 분석하면 새로운 개인 정보를 뽑아낼 수 있기 때문에 정보를 수집하고 사용할 때 윤리 문제가 특히 중요해요.

기업들은 개인들에게 맞춤형 서비스를 제공한다는 이유로, 또 국가는 국민들을 위한 정책을 만든다는 이유를 대면서 무분별한 정보 수집을 합리화 하기도 해요. 앞에서 미국의 한 대형 마트가 빅데이터 분석을 활용해 한 가정에 임신 용품을 보낸 이야기는 빅데이터를 적극적으로 활용한 사례로 많이 언급되지만 또 한편으로, 임신 사실을 숨기고 싶어 했던 한 학생의 프라이버시를 침해한 사례로도 많이 언급돼요.

기업들이 빅데이터에 관심을 갖는 이유는 흩어져 있는 각각의 데이터들 자체는 아주 사소한 정보에 불과하지만, 그 데이터들이 엄청나게 많이 모이면 '돈'이 되는 정보가 되기 때문이에요. 기업들은 이런 정보를 활용해서 마케팅 전략을 더 구체적으로 짤 수 있기 때문에 이윤을 크게 남길 수 있지요. 그래서 요즘은 기업들을 위해 맞춤형 빅데이터 자료를 수집하고 분석해 주면서 수수료를 받는 업체들도 늘어나고 있는데 이런 곳을 '데이터 브로커'라고 해요. 대표적인 데이터 브로커 업체인 엑시엄은 미국인 2억 명을 포함해 전 세계 7억 명의 소비자 정보를 가지고 있어요. 어떤 사람이 어떤 제품을 좋아하는지, 어디로 여행가는 것을 선호하는 지에 대한 정보를 모두 가지고 있는 거예요.

데이터 브로커 업체는 어떻게 이런 정보를 가지고 있는 걸까요? 당연히 돈을 주고 산 것이랍니다. 우리나라에서도 흔한 방식이지만 인터넷 쇼핑몰을 이용할 때 자신에 대한 개인 정보를 더 입력을 하고, 이것을 제 3자에게 제공하는 것에 동의하면 물건 값을 할인해 주기도 하잖아요? 이런 방식으로 정보를 수집한 것이지요.

데이터 브로커는 빅데이터를 수집하거나 활용하기 어려운 작은 기업들에게도 빅데이터 분석 자료를 활용할 기회를 준다는 면에서 긍정적인 역할이 있어요. 하지만 문제점도 있답니다. 가장 큰 문제는 정보를 제공하는 일반 사람들이 자신들의 정보가 어떻게 쓰이는지 정확하게 알 수가 없다는 거예요. 자신이 제공한 정보는 단순한 수준의 것일 수도 있지만 이 정보가 서로 연결되면 개인의 내밀한 사적인 생활까지 추론될 수 있고, 이는 심각한 사생활 침해가 될 수 있어요.

또한 이런 개인의 내밀한 사생활에 대한 정보를 수집하는 일이 단순히 이윤을 남기는 데 쓰이는 것이 아니라 국가적인 수준에서 이루어진다면 더 큰 문제로 이어질 수 있어요. 2013년 6월에 미국에서는 중앙 정보국CIA 직원이었다가 국가 안보국NSA으로 이직하여 근무했던 에드워드 스노든이라는 사람이 충격적인 사실을 폭로했어요. 국가 안보국이 미국 국민들의 전화 통화 기록을 포함한 개인 정보를 몰래 수집하여 감시하고 있다는 사실이었지요. 게다가 다른 나라 대통령들의 통화 내용까지 도청했다는 사실이 알려지면서 파문은 더욱 커졌어요.

미국 정보기관은 어떤 방식으로 국민들의 사생

활을 감시했을까요? 먼저 개인의 전자 정보 데이터를 수집할 수 있는 프리즘PRISM이라는 프로그램을 이용해 대형 인터넷 기업의 서버에 침투하거나, 해저에 있는 인터넷 광케이블에 직접 접속해 데이터를 가로챘어요. 이러한 방법으로 미국 국민들이나 우리나라를 포함한 많은 나라들의 다양한 정보들을 무차별적으로 수집한 거예요.

에드워드 스노든

2013년 미국 국가 안보국의 무차별 통신 정보 수집 실태를 폭로한 뒤 다른 나라에서 임시 망명 생활을 하고 있는 에드워드 스노든이 SNS 계정을 만들어 전 세계 사람들과 소통하고 있어요.

처음에는 9.11테러 발생 이후, 국민들을 테러에서 보호하기 위해 정보를 수집한다는 명분으로 이런 일을 시작했지만 점점 변질되기 시작해 모든 국민들의 사적인 정보까지 무분별하게 수집하고 있었던 거예요. 이는 보호받아야 할 인간의 기본권을 침해한 심각한 일이었지요.

빅데이터는 이용 가치가 높은 고급 정보를 통해 큰 이윤을 창출하고 미래를 대비할 수 있다는 순기능도 있지만, 그와 함께 정보 조작이나 왜곡, 사생활 침해, 더 나아가 국가 차원의 감시가 일어날 수도 있기 때문에 이를 잘못 활용하면 사회에 큰 피해를 입히게 돼요.

어떠한 정보들은 국가나 기업뿐만 아니라 집단 전체의 삶을 좌지우지할 정도로 중요한 것일 수 있으므로 아주 조심스럽게 다뤄져야 해요. 정보를 도용하고 악용하는 사례를 막기 위해 철저한 법적 제도적 대비책을 세우는 것도 중요하지만, 이런 정보를 이용하는 주체나 사회가 건강한 윤리 의식을 가지는 일이 무엇보다도 중요한 일이 될 거예요.

더 알아보기

감시와 통제의 감옥 파놉티콘

 '파놉티콘'은 중앙에 감시탑이 있는 원형 감옥을 뜻해요. 이 감시탑에서는 밝은 빛이 감옥을 360도로 회전하면서 비추는데, 그 빛 때문에 죄수들은 감시탑에 있는 간수들을 직접 볼 수는 없지만 어디서든 간수들의 감시를 받고 있다는 생각을 하게 돼요. 이런 감옥 형태는 적은 수의 감시자로도 많은 죄수들을 통제할 수 있기 때문에 매우 효율적인 시스템이었지요. 파놉티콘을 개발한 사람은 '최대 다수의 최대 행복'을 얘기했던 영국의 철학자 제러미 벤담이에요.
 20세기 중·후반에 활동한 프랑스의 사회학자 미셸 푸코는 《감시와 처벌》이라는 유명한 저서에서 이 파놉티콘을 예로 들며 소수 권력자가 대중들을 어떻게 효과적으로 통제하는지에 대해 설명했어요. 파놉티콘의 간수와 죄수처럼 현실 세계에서 국가 기관이 어떤 형식으로든 개인들의 정보를 확보해 사람들을 감시하고 있다는 생각을 하게 되면 사람들은 스스로 개인의 자유를 통제하게 되겠지요.

푸코의 견해는 특히 요즘과 같은 정보화 시대에도 적용해 볼 수 있는 이야기예요. 사람들의 모든 생활이 데이터로 저장되는 요즘, 이런 기록들을 특정 소수가 독점한다면 사람들의 자유를 통제하는 수단으로 이용되고 마치 파놉티콘과 같은 것이 되어 버릴 거예요. 더군다나 빅데이터는 물리적인 폭력이나 제약을 가하는 것이 아니므로 표면적으로는 합리적이고 온건하다는 인식을 사람들에게 줄 수 있어요. 하지만 폭력과 억압, 처벌을 수단으로 삼았던 과거의 독재 정치보다 더 효율적으로 사람들을 통제하고 권력을 휘두를 수 있다는 점에서 훨씬 더 위험할 수 있답니다.

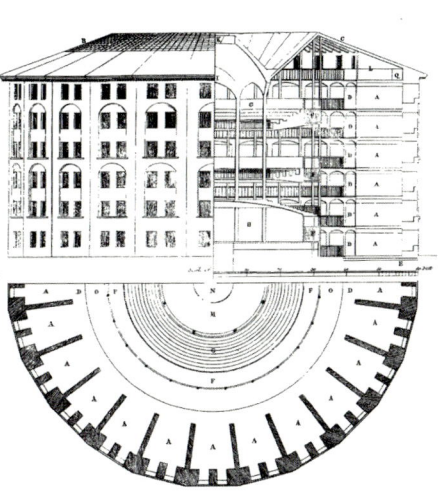

벤담의 파놉티콘 청사진(1791년)
영국의 철학자이자 법학자인 제러미 벤담은 원형 감옥 건축 양식인 파놉티콘을 설계해 프랑스와 영국 의회에 제안서를 보냈어요.

2. 개인 정보! 왜 중요할까?

> 걷기만 해도 새는 정보

아침에 일어나서 밤에 잠들 때까지 우리들이 하는 모든 활동에서 자신도 모르게 많은 정보가 새어 나가고 있어요. 아침에 학교를 가거나 직장에 가면서 스마트폰을 챙기는 순간, 사람들의 위치 정보는 이동 통신 회사의 서버에 저장돼요. 이것은 스마트폰을 구입해서 사용할 때 이동 통신 회사와 맺는 계약에서 개인 정보 사용을 허가하겠다고 이미 약속했기 때문이에요. 이동 통신 회사는 고객에게 편리한 서비스를 제공하는 대신 고객의 개인 정보를 기업 마케팅이나 고객 관리에 사용하겠는 동의를 얻은 것이지요.

신용 카드와 연결된 교통 카드로 전철이나 버스 같은 대중교통을 이용하고, 이동 중에는 인터넷이 연결된 스마트폰이나 태블릿 피시로 뉴스나 영화를 보거나 동영상을 시청해요. 식당에서 밥을 먹거나 가게에서 물건을 살 때 신용 카드로 결제하고, 건물 안팎이나 길

3장 빅데이터가 감시하는 세상

곳곳에 설치된 CCTV는 사람들의 일상을 실시간으로 기록해요. 이렇게 아침부터 저녁까지 사람들은 모든 일상을 자기도 모르는 사이에 차곡차곡 기록으로 남기고 있는 것이지요.

    이것이 가능하게 된 것은 스마트폰이 널리 보급된 이유도 커요. 요즘에는 거의 대부분 스마트폰을 하나씩 가지고 있잖아요. 스마트폰에는 다양한 데이터를 만들어 낼 수 있는 센서가 부착되어 있고, 위치 정보를 포함한 개인 정보를 활용하는 앱도 다양하게 설치되어 있어요. 전문가들에 따르면 2020년에는 사용되는 스마트폰이 61억 개에 달하게 될 거라고 예측해요. 게다가 이런 스마트폰을 사용하면서 생성되는 데이터는 대부분 개인 저장 장치가 아니라 클라우드 방식으로 인터넷 서버에 저장이 돼요. 이것은 달리 말하면 정보가 흩어져 있는 것이 아니라 한곳에 모여 있다는 얘기예요.

그러다 보니 만일 이 서버가 해킹이라도 당한다면 수많은 사람들의 정보가 한꺼번에 유출될 위험이 더욱 커질 수밖에 없지요.

빅데이터 시대가 되면서 제기되는 가장 큰 문제점 가운데 하나가 개인 정보 보호에 관한 것이에요. 많은 데이터가 한곳에 집중적으로 모여 있으면 해킹의 위협에서 안전하지 못해요. 또한 이런 데이터들은 한 번 유출되면 엄청난 양의 정보가 새어 나가기 때문에 피해 규모도 아주 크지요. 실제로 인터넷이 급속히 확산된 2000년대부터 이런 개인 정보 유출과 관련한 굵직굵직한 사건들이 많았어요. 몇 년 전에도 모 통신 회사의 홈페이지가 해킹을 당해 천만 건 이상의 개인 정보가 유출된 사고가 있었지요.

물론, 생활의 편의를 위해 어느 정도 개인 정보 이용이 필요할 수도 있어요. 하지만 동의도 없이 자신의 정보가 누군가에게 넘어가서 이익의 수단이 된다고 생각하면 마음이 편치만은 않겠지요. 더군다나 그 정보가 좋지 않은 일에 악용이라도 되면 개인뿐만 아니라 사회 전체에 큰 손실을 입히게 돼요.

빅데이터의 특성상 개인의 일상생활에서 만들어지는 정보의 수집이 특히 많아요. 개인 정보 보호법이 강화되면서 개인 정보를 제3자가 이용하는 일이 까다로워지기는 했지만, 개인 정보 활용을 법적으로 허용하는 분야도 있어요. 이때 개인 정보 사용을 허용하는 기준은 국민의 생명과 재산을 안전하게 보호하고 정당한 권한을 행사할 경우에 한정해요.

예를 들어 나라에서 큰 선거가 있을 때 국가가 투표권을 지닌 유권자를 정확히 파악하고 투표할 권리를 행사하는 데 최대한 편의를 제공하기 위해 국민의 개인 정보를 사용할 수 있어요. 또 국민들의 생명과 재산을 범죄로부터 보호하기 위해 골목에 CCTV를 설치하는 것도 법이 허용하는 범위에 포함돼요.

이처럼 국민의 기본권을 보호하는 일 외에 다른 목적으로 개인 정보를 활용하는 일에 대해서는 법으로 엄격히 금하고 있지요. 개인 정보 유출에 대해 너무 지나친 걱정을 할 필요는 없지만, 내가 생활하는 과정에서 만들어지는 수많은 정보들이 지속적으로 어딘가에 기록되고 저장된다는 것은 알아 둘 필요가 있어요.

개인 정보 보호의 가이드라인

'개인 정보'는 법적으로 다음과 같이 정의해요. 개인 정보 보호법 제2조에 따르면, '개인 정보는 살아 있는 개인에 관한 정보로서 성명, 주민 등록 번호 및 영상 등을 통하여 개인을 알아볼 수 있는 정보(해당 정보만으로는 특정 개인을 알아볼 수 없더라도 다른 정보와 쉽게 결합하여 알아볼 수 있는 것을 포함한다)를 말한다.'라고 되어 있어요. 즉, 여러분들의 학교생활 기록부 내용, 학교에서 받는 신체검사 결과, 설날에 세뱃돈을 받아 은행에 저축할 때 그 은행의 계좌 번호 및 입금 내역 등은 본인의 허락 없이 다른 사람에게 절대 공개되어서는 안 되는 개인 정보랍니다.

개인 정보를 보호하기 위한 개인 정보 보호법은 2011년 3월에 제정되었어요. 생각보다 오래되지 않았지요? 이때부터 기업이나 국가는 앞에서 얘기한 개인 정보들을 수집하거나 열람하고자 할 때 반드시 본인의 동의를 구하는 절차를 거쳐야 해요. 왜냐하면 이 법에서는 개인 정보를 당사자 동의 없이 수집하거나 제3자에게 유출하는 것을 금지하고 있기 때문이에요. 특히 단순히 주민 등록 번호뿐만이 아니라 다른 정보와 결합시키면 특정 개인을 알아볼 수 있는 정보도 포함해서요.

개인 정보에 대한 보호 수준은 나라별로 차이가 있어요. 예를 들어 미국은 개인 정보가 포함된 정보를 활용하는 데 있어서 다른 나라들보다 꽤 관대한 편이에요. 앞에서 언급했던 데이터 브로커 엑시엄이 미국 기업이라는 것만 봐도 알 수 있지요. 미국은 데이터를 활용하여 기업들이 이윤을 극대화하는 것을 더 중요하게 생각하기 때문일지도 몰라요. 반면 유럽이나 가까운 나라 일본은 개인 정보에 대한 보호를 엄격하게 강조하고 있어요. 정보 활용도 좋지만 그로 인하여 잠재적인 피해를 볼 수 있는 개인들을 좀 더 보호하기 위한 거예요.

우리나라는 어떨까요? 우리나라는 미국보다 유럽이나 일본에 조금 더 가깝다고 할 수 있어요. 우리나라도 개인 정보 보호가 비교적 엄격한 편이어서 기업이나 기관에서 개인 정보를 활용하는 것이 제한적이에요. 사실 개인 정보 보호는 시대가 달라짐에 따라 새롭게 고려해야 할 내용들이 많아져요. 예를 들어 컴퓨터에서 인터넷을 사용할 때 저장되는 '쿠키'와 같은 것은 현재 개인 정보 보호법에 명시되어 있지는 않지만 중요한 개인 정보가 될 수도 있는 것들이에요. 여러분이 어느 인터넷 사이트에 접속했는지를 알 수 있는 정보이니까요.

컴퓨터 응용 기술이 발달하고 데이터가 더욱 많이 쌓이면서 보호해야 할 개인 정보의 범위는 더 넓어지고 있어요. 예를 들어 얼굴 인식 프로그램은 얼굴을 인식해 신원을 확인하거나 인증할 수 있는 기술이에요. 그런데 인터넷 게시물이나 메신저로 다른 사람의 얼굴 사진이 게시되거나 전송될 때 이런 얼굴 인식 프로그램이 악용될 수 있어요. 이런 것들도 모두 개인 정보 보호 대상이에요. 과거에는 개인의 신원을 확인하는 방식이 주민 등록증이나 학생증이었다면, 빅데이터 시대에는 다양한 데이터를 조합하여 개인을 식별하는 방식이 가능해졌기 때문이에요.

몇 년 전 미국에서 어떤 실험을 했어요. 인문계 학생과 이공계 학생으로 구성된 대학원생 100명에게 스마트폰을 나누어주고 1년 동안 사용하도록 했어요. 스마트폰에는 이들의 일상생활과 통화 기록 등이 개인별로 모두 저장이 되었지요. 1년 뒤 스마트폰을 수거해 사용 내역에 대한 데이터를 분석한 결과 인문계 학생과 이공계 학생의 행동 패턴이 다르다는 것을 확인했어요. 그래서 나중에는 행동 데이터만으로 인문계생인지 이공계생인지를 파악할 수 있게 되었죠. 이처럼 데이터를 분석하면 그 사람이 누구인지를 알아낼 수도 있는 것이 빅데이터 시대의 특징이라고 할 수 있어요.

앞에서 개인 정보 보호법에 의한 정보 보호를 어떻게 하고 있는가를 간략하게 소개했지만, 모든 것을 법으로 제약하는 데에는 한계가 있어요. 스스로도 개인 정보가 유출되지 않도록 조심해야 해요.

누가 공짜로 선물을 준다고 필요하지도 않은 사이트에 회원 가입을 한다거나, 자신의 개인 자료들을 무분별하게 인터넷에 올린다거나 하는 일은 나중에 문제가 될 수 있어요. 과거에는 아니었지만 지금은 그러한 데이터들도 모두 개인 정보가 될 수 있으니까요.

빅데이터의 시대가 되면 우리 사회는 더욱 큰 변화를 맞이하게 될 거예요. 많은 전문가들과 언론 매체들은 빅데이터의 긍정적인 부분을 부각하고 있지만, 그 이면에는 좀 더 냉정하게 생각해야 할 부분들도 있답니다. 빅데이터, 인공 지능, 사물 인터넷 등으로 대표되는 4차 산업 혁명 시대에 우리는 좀 더 편리하고 빠른 서비스들을 기업이나 국가를 통해 제공받게 되겠지만 그만큼 우리도 모르게 더 많이 통제받고 감시받는 사회가 될 수도 있어요. 여러분에게 아직 이른 현실일수도 있지만, 앞으로 다가올 새롭고 편리한 기술 문명에 대해 좀 더 다양한 각도로 생각해 보고 살펴보는 일이 필요할 거예요.

더 알아보기

잊혀질 권리

'잊혀질 권리Right to be forgotten'란 정보를 인터넷에 올린 사람이 자신과 관련된 정보를 삭제하거나 확산되지 않도록 요구할 수 있는 권리를 말해요. 이 '잊혀질 권리'는 2016년 유럽 사법 재판소ECJ가 법적 분쟁에서 이 권리를 인정하면서 관심이 더 높아졌답니다. 유럽은 2012년 1월에 데이터 보호법을 개정하면서 자신의 정보에 대해 삭제를 해당 기업이나 기관에 요구할 수 있는 권리를 포함시킨 적이 있었거든요. 유럽은 개인의 정보 보호에 대해 다른 곳보다 좀 더 예민하기 때문에 가능한 일이었지요.

우리나라에서도 이 '잊혀질 권리'에 대해 많은 논의가 이루어지고 있답니다. 인터넷 사이트나 SNS에 본인이 직접 게시한 글이나 사진, 동영상에 대해 직접 또는 해당 인터넷 사이트 운영자에게 삭제나 차단을 요청할 수 있어요. 하지만 아직까지는 자신이 직접 올린 게시물에 한해 가능한 것이고, 타인이 자신에 대해 올린 내용은 해당되지 않아요. 다만 타인이 올린 게시물이 자신의 명예를 훼손했다는 것이 인정될 경우에는 사이트에서 30일간 다른 사람들이 보지 못하도록 블라인드 처리를 하는 임시 조치를 취할 수 있어요.

  이러한 잊혀질 권리가 법적으로 보장이 되면 개인의 정보가 함부로 타인에게 공개되어 악용되는 일을 예방할 수 있게 될 거예요. 일부에서는 이 권리가 국민의 알 권리와 표현의 자유를 침해할 수 있다고 우려하는 의견도 있답니다. 예를 들어 어떤 작가가 특정 인물을 패러디한 창작 작품을 게시하려고 할 때 패러디의 대상이 되는 사람이 공개를 거부하면 게시되지 않을 수 있는 거예요.

* 사진 출처

25p_wikipedia

33p_https://bd.kma.go.kr 홈페이지 메인 화면

39p_Nicolas Perez at Wikipedia.org

40p_wikipedia

94p_연합뉴스

101p_연합뉴스

128p_연합뉴스

131p_wikipedia